“向古人学生活·中国传统文化中的美学”系列丛书

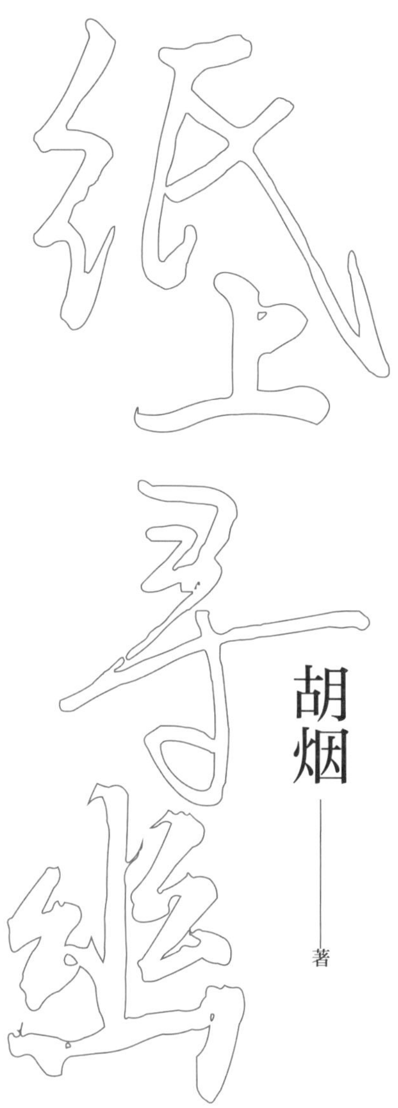

胡烟　著

中国画里的二十四节气之美

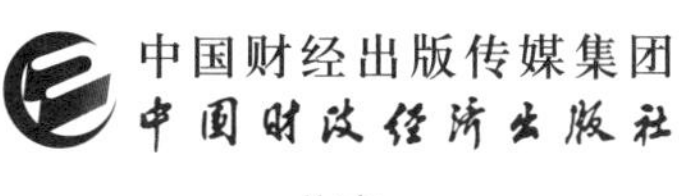

北京

图书在版编目(CIP)数据

纸上寻幽:中国画里的二十四节气之美/胡烟著
.--北京:中国财政经济出版社,2022.7(2024.1重印)
("向古人学生活·中国传统文化中的美学"系列丛
书)

ISBN 978-7-5223-1342-9

Ⅰ.①纸… Ⅱ.①胡… Ⅲ.①散文集-中国-当代
Ⅳ.①I267

中国版本图书馆CIP数据核字(2022)第072222号

责任编辑:潘 飞　　责任校对:徐艳丽
封面设计:MXK DESIGN STUDIO Q:1765628429　　责任印制:史大鹏

纸上寻幽:中国画里的二十四节气之美
ZHISHANG XUNYOU:ZHONGGUOHUALIDE ERSHISI JIEQI ZHIMEI

中国财政经济出版社出版
URL:http://www.cfeph.cn
E-mail:cfeph@cfemg.cn

社址:北京市海淀区阜成路甲28号 邮政编码:100142
营销中心电话:010-88191522
天猫网店:中国财政经济出版社旗舰店
网址:https://zgczjjcbs.tmall.com
北京时捷印刷有限公司印刷 各地新华书店经销
成品尺寸:175mm×237mm 16开 18印张 120 000字
2022年7月第1版 2024年1月北京第2次印刷
定价:98.00元
ISBN 978-7-5223-1342-9
(图书出现印装问题,本社负责调换,电话:010-88190548)
本社质量投诉电话:010-88190744
打击盗版举报热线:010-88191661 QQ:2242791300

故纸情长

关于中国画，我竟有这么多话想说。《读画记》之后，是《忽有山河大地》，眼前，又轮到这本与节气有关的书。一切都是追寻着内心的倾诉欲望。本来以为，我于绘画，只是误入写作的迷途，会尽快回归关于现实人生、关于挖掘人性的书写“正道”上去。没成想，却为笔墨之复杂和美深深着迷，如今不再有挣扎着想要逃离这一领域的念头。

我对古代生活的兴趣，源于对时空谜题的玄想。时空到底存不存在，为何画中景象竟比真实的生活更加真实？我想不透。过程，形成了文章。

画中，四时之美，古人之乐，那么切近。像在身边，像在昨天。

2009年，我们家所在的位于渤海之滨的小村庄搬迁。村庄的面积，像鞋垫那么小，只居住有六百户姓胡的村民。在庞大的星球上，引不起任何的关注。但搬迁对于村民，却是连根拔起。故乡的消逝，令我长久痛心。我时常想念我的半岛故乡。海边的沙滩，生长着干净俊美的黑松林。沙参贴地铺开油绿的叶子，蜥蜴在其间神秘穿行，嫩白的参扎在沙滩深处，积蓄着饱满的汁水。四时之美，目不暇接。端午节前后，满山的艾草香。秋分，野草开始黄，海风吹着山花摇曳。树木层林尽染，野菊在寂静的山野里盛放，黄得耀眼。山里红、野酸枣在山的低洼处，呼唤着馋嘴的孩子。大寒时节，东北风落了脚，海滩礁石上，满是敲捡牡蛎的乡民……

这一切，已不在人间。却在梦里，也在画里。

比如，北宋政和二年（1112年）元宵节的第二天，雨水节气前后，东京汴梁迎来一场奇观。宋徽宗和众臣目光凝视皇宫上空，周围百姓们也纷纷仰望——那里，群鹤云集，鹤群且舞且鸣，仙姿袅袅，久久不散。宋徽宗心中十分愉悦，耳畔仿佛响起天宫的仙乐，许多天，仍余音绕梁。情之所至，画《瑞鹤图》以记之。

明武宗正德十三年（1518年）清明时节，文徵明与好友蔡羽、汤珍、王守等六人，在无锡惠山茶会。此前，他们早就有惠山之行的计划，却苦于路途遥远。这一天，终于动身了，似乎天公也特别作美，清晨的小雨，忽然停了，云雾散开。高士们在松间林下摆茶具、煮泉水、赋诗文。品尝了“天下第二泉”的甘甜之后，文徵明意犹未尽，用小瓶子装了惠山泉水回来。跑了一百里，毕竟不容易呢。

时间，倒回至公元222年。四月，三十一岁的曹植被封为鄄城王后，从京都洛阳出发，向东回归封地鄄城。夕阳西下，队伍在长满杜蘅草的岸边卸了车，曹植独自漫步，纵目眺望水波浩渺的洛川，不觉间思绪飘散。一抬头，见一绝妙佳人，在山岩之旁站立。正是这一眼，开始了神秘的苦恋。曹植笔下百转千回的《洛神赋》诗文，是爱情回忆录的唯美绝版。一百多年后，这场人神之恋，令大画家顾恺之夜不能寐，无法释怀。唯有用画笔精细描述，才能解开心结。

时间流转流至康乾盛世，盛夏，暑气正浓。五十多岁的金农，早已经放下了入仕的热望，关起门来，写诗，作画，刻砚台，捣鼓自己的小日子。芭蕉林下，金农光着膀子，身着宽松白裤，坐竹椅上，正在午休。扬州的盛夏闷热极了。睡着的金农，神情淡然，似罗汉入定。右手的蒲扇，松散地挂着，像是随时会掉落下来。他的弟子罗聘，在一旁对着这一情境哑然失笑，顽皮地画下来。

深秋，芦花飞絮，雁声鸣叫，金农踱步到边寿民的“苇间书屋”聚会。一群行走于仕途边缘的文人，一群才华满腹、特立独行的画家，窝在芦苇边的小房子里，欣赏着深秋苇塘之美，也点评着边寿民画芦雁……

展开画卷，一切都带有温度。那丝丝缕缕蔓延或冲撞而来的感动，令我如见故乡，如见故人。如果，时空是一场骗局，或一个游戏，那沉浸于其中的我们，不过是在各个时代、各种身份角色之间折叠。他便是我，我便是你。他所经历的，也必然是我的，是你的。不然，我们何以感动至此呢？

古人所感受到的自然风物之美，他们在时代的苦痛中吸收的强大的能量，仍旧那么强烈地传递和散发着，治愈着眼前的你我，力度不减。

当我们夸夸其谈现代交通的便捷，却失去了“雪夜访戴”的浪漫；当我们在钢筋水泥的空调房里喝着咖啡、敲打键盘，多怀念古人在槐树下袒腹而卧。那时，日子那么长。物质与精神的贫乏和富有、古与今的苦和乐，是否总量恒常不变？我无法作答。

只知道，一个失去故乡的人，展卷时，常忍不住泪眼婆娑。感激着画家，用笔墨记录了鲜活的情境，留下自己真实饱满的情绪。他们怀着赤子之心，很认真地在我面前倾诉，并将心中大美和盘托出。又有大浪淘沙，留下珍品。每看一眼，便是享一次清福。

愿这本书，也能如画一般，带给读者美的享受。

是为序。

胡烟

2022年4月11日于北京蒲雨斋

目录

CONTENTS

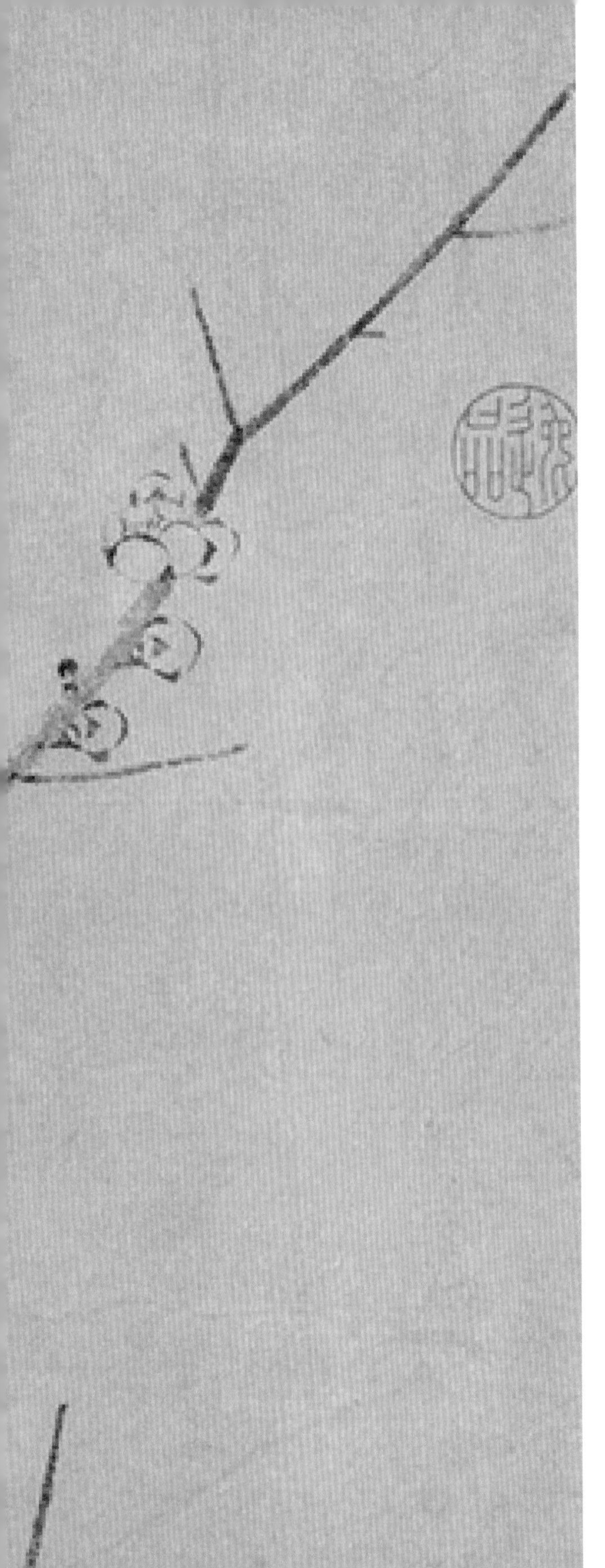

壹

立春

寻梅记——扬无咎《四梅图》

立春，离春天还早。我们像是顽皮的孩童，扒着门缝巴望着春天的影子。眼前风景，还徘徊在冬的领域。但欣慰的是，大寒带走了极寒。否极泰来，温暖的日子毕竟不会远了。

腊梅含金，像是专等在岁末压轴。梅是为春节而盛开的花。一年中最隆重的节日，梅花来报春。郑板桥在《寒梅图》题诗中说："寒家岁末无多事，插枝梅花便过年。"在江南，剪下一枝梅花，插在古朴的梅瓶里，几乎是春节必不可少的清供。但是，在北方人眼里，却是奢侈的，因为不多见。近日收到山东老家画家朋友的《寒梅报春图》，总觉得有些许呆板。他自己说，真正的梅花，他并未曾见过，临摹前人而已。难怪了。

记得汪曾祺先生在散文《腊梅花》中写过，高邮老家后院有四棵很大的腊梅树，每年腊月，上树折枝便是他的专长。他会挑旁逸斜出的那种梅枝，不蠢。汪曾祺先生的语言极好，通俗的两个字"不蠢"，便表达出自己的审美情趣。他对于梅枝的选择，是有中国画的功底在的。灵动、清雅，含苞待放的梅枝，被他擎在手里，熏陶着一颗文心。此外，他还提到腊梅珠花，也令我印象极深，因为闻所未闻。大年初一，下雪了，他将腊梅骨朵摘下来，用细铜丝串起来，送给祖母、伯母和继母，"她们梳了头，就插戴起来。然后，互相拜年"。那画面，多美！

纸上的梅，多种形色。那天，偶然翻到画册里有宋代扬无咎的墨梅，执卷端详，每每感动。起初，觉得那墨梅是女子，楚楚动人的女子。瘦，清高，且有离尘气息。一个美好的女子，不仅是男人的情人，亦是女人的情人，因为极美的缘故。联想到张岱笔下有个叫王月生的

南宋　扬无咎　四梅图卷（局部）

女子，只喝闵老子泡的茶，王公贵族们趋之若鹜，她全不放在眼里，连句话都懒得说。数十天，只从唇边挤出淡淡的两个字——“家去”。后来，读《晚明风月》得知，这王月生的结局命运，是极其凄惨的，不由得痛惜。

回到扬无咎的《四梅图》。目光接触越久越发现，她虽然纤细，却不似女子的柔弱，而是更趋向高洁，通往空灵。她有异于平日里见到的任何一种梅花。对此，范成大曾直言不讳，说扬无咎的墨梅失真。

扬无咎的墨梅，本质上不是一枝花，她应该是一轮月，是很多人向往着攀升的一种境界。她是一种境界的物化。不是用来亲近的，或者说，当你深度沉浸于她的时候，自然忘记移步。对她的情感，应该是超越了爱慕与倾心，飞升成为一种洁白的理想，唯愿把她高高地悬挂在天，用以仰望。

扬无咎是一位诗、书、画兼长的全能艺术家。书法方面宗法唐代书法大家欧阳询。据说，当时江西的碑碣多为扬无咎所书，足见其书法成就之高。扬无咎墨梅以清逸见长，高洁清幽，不沾尘俗，这正是其诗词境界的另一种展现；而书法艺术对于扬无咎墨梅艺术的影响更加显见。

1165年，六十八岁的扬无咎参加了一次僧舍雅集。在这场雅集中，范仲淹的曾孙范端伯给他出了一个命题作文题目——画梅四枝，一未开，一欲开，一盛开，一将残，并且赋诗四首。画画对扬无咎来说，完全不是难事。他灵感常常如泉涌。在附近的妓院、饭馆，借着几分醉意，他每每拎起笔来随性涂抹，即能留下佳作。笔下多有墨梅。妓院曾因此生意红火。

南宋　扬无咎　四梅图卷（局部）

当年，扬无咎对那道考题相当感兴趣，竟有了借此大展身手的创作冲动，冥思苦想，调动久蓄的功力，遂有了《四梅图》长卷传世。

《四梅图》又名《四清图》。展卷，从右向左目光移步，四幅光景，按时序铺开梅的一生。此中笔法，扬无咎是将每一条枝，写出来。如同春天树木抽条一般，很谨慎，很珍惜着落笔，却激荡出律动的生命力。梅花以淡墨勾勒，用笔劲利，衬托花瓣的梅萼仅用墨笔点就，使梅花顿生活力。最小的梅萼，只用墨作一点，梅花有正、反、侧各种造型。吸气，提腕，再落笔，呼气。很瘦，很淡，写出优雅的一枝，又一枝。同时，写出了自己的灵魂。他的气息，随着绵软软的笔尖，缓缓俯向宣纸。出落的梅，是他完整的气韵和人格。

未开的梅，欲开的梅，都是对人间有话要说。而盛放的梅，试探着舒展了自己，她到底说了什么，是否有知己，都不得知。将残，是绚烂的极致，寒冬里热烈之后又即将冷却的心……

凝视《四梅图》许久，我对扬无咎其人产生了浓厚兴趣。可惜，相关记载并不多。只知，他终生不曾入仕，原因是当朝有秦桧这样的人位居高位。

穿越千年风云，我试着去触摸一个敏感文人的心。扬无咎敏感吗？我猜是的。唯有怀着极度的敏感，才能将梅花玉洁冰清的灵魂小心翼翼地托举着付诸笔端，而未有丝毫的伤损。

扬无咎心里有个结。他并非不想入仕，而是看不惯时局，不能理顺自我与环境之间的关系。这个心结，像一块巨石梗在他命运的河床。现实的痛感，却成就了艺术上的审美。水流至此，飞溅起滔天浪花。落到笔下，是张力，是墨梅千钧一发的沉寂之力。

南宋　扬无咎　四梅图卷（局部）

南宋　扬无咎　雪梅图卷（局部）

血脉偾张其里，冷静清幽其表。落得一个曲径通幽的“妙”字。

宋徽宗评价扬无咎的梅是村梅。扬无咎将计就计，落款“敕奉村梅”，并随之发出一声放浪的笑。

扬无咎以村梅为傲。村梅盛开在乡间，远离皇宫，远离权力的中心。

我也是敏感。我感觉，扬无咎的梅，是时刻想从宣纸上逃走的。当目光离开她的时候，她回到了月亮上。就像扬无咎自己，时常想要逃走一样。这世间积郁了亿万年的尘垢，而他向往着无暇之地。

扬无咎，字补之，号逃禅老人。既然无咎，却要“补”什么？逃禅，逃的是什么，又逃向了哪里？扬无咎没有给出答案。

有人说，现实中，扬无咎逃向了妓院，逃向了女人的温柔乡。但这只是玩笑。历史上，诗人杨慎被贬云南，曾携妓纵酒，作疯癫状。画家唐寅科场失意，多年逗留于烟花柳巷，又狂称自己是“桃花仙”。但他们的晚年基调，仍是落寞的。可见，古时候，女子地位卑微，爱情并不能彻底抚慰士子们入仕的挫折创伤，顶多是抹在太阳穴上的清凉油，暂时舒缓罢了。

也有人说，扬无咎逃向了艺术，逃向了诗书画。这样一来，倒也熨帖了。《四梅图》因他而生，同时，也便是他的拯救者。让他的心，一颗想逃的心，终究是有了安放之处。

《四梅图》后世崇拜者络绎不绝，曾被文徵明、柯九思、潘遵祁等人收藏。嘉庆初年，为陆谨庭所得，专门筑“四梅花阁”以庋藏之。

追溯墨梅画法，世人称扬无咎的墨梅宗法仲仁，“得其韵度之清丽”。

仲仁，是公认的墨梅鼻祖。北宋元祐年间，仲仁在衡州，寄居在

南宋　扬无咎　雪梅图卷（局部）

潇湘门外的华光寺。这和尚极爱梅。兰若幽幽，晨钟暮鼓。清寒苦寂地生活，以梅为伴。或许是因为从梅的姿态里悟到某种禅意，仲仁在方丈前大量种植梅树。

待到花开时节，顶着寒，冒着冷，仲仁和尚舍不得睡，干脆把床移到梅树旁，日夜相守。古寺，深山，明月，他屏息凝神，苦苦参悟有关梅的真理，终于不负此心。不知具体是在哪一个清冷的夜色里，仲仁和尚捕捉到了梅之神韵。佛家称之“得其三昧”。在他眼前，梅疏影横斜，脱略了表面浮华，展露灵魂真容。那种欣悦，不足与外人道。得于心，应于手，仲仁和尚焚香展纸，一下笔全是精神，始创墨梅画法。

墨梅，是将黄的、红的、粉的颜色，一股脑儿变成黑白灰。褪去了瑰丽色彩的梅花，朴素、低调，严肃得接近于正襟危坐，专注于表达思想。其中意味，投射了一个和尚、一名画僧的人生诉求。他所求，非衣食住行，非利禄功名，那是什么？是常人难以揣度却深深为之向往的一种情感，如秋月皎洁，静悬虚空。

画家诗人常把梅花与月亮相比拟。忍不住想起“扬州八怪”的金农。金农号“冬心”，似乎这颗心是随着梅花的盛开而愉悦。他爱极了梅，曾手植老梅三十株，与梅花共岁寒。他画梅，不拾前人牙慧，清旷满纸，题诗：“清到十分寒满地，始知明月是前身。”他还有一首著名的题画诗：“东邻满座管弦闹，西舍终朝车马喧。只有老夫贪午睡，梅花开后不开门。”最后一句，塑造了一个“梅痴”形象。

立春，这个寂寞的时节，幸好有梅。雪后的世界，虽然天地一白，也并不寂寞。“梅花开后不开门。”倔强可爱。扒着金农家的门缝，似乎看到，他正专注地画梅呢。

清　金农　梅花图

贰

雨水

天青色等烟雨

——宋徽宗《瑞鹤图》

雨水节气，河水破冰，大雁北归。古代将雨水分为三候："一候獭祭鱼；二候鸿雁来；三候草木萌动。"

北宋政和二年（1112年）元宵节的第二天，也就是雨水前后，东京汴梁的皇宫上空，云集了一群吉祥的鸟。不是鸿雁，而是仙鹤。

这群仙鹤来得很有气势。先是发出某种征兆，祥云密布于宣德门上方，皇宫内外无不仰头凝视。忽然来了一群鹤，鸣叫着飞翔，像是奏响仙乐一般。群鹤盘旋，悠然闲适，有两只陶陶然停驻于宫殿两端上翘的檐角。往来民众目睹了这件奇事，无不惊叹称奇。过了好久，鹤群才向着西北方向飞仙而去。

此时，三十岁的宋徽宗登基已经有十二年，天下并不太平，局势严峻，加之自己并不具备帝王之才，骄奢淫逸，天灾人祸不断，民间怨声载道。

看着这一奇观，宋徽宗心里激动不已。在这个信奉道教的皇帝眼里，这是一个绝端重要的信号，认为是祥云伴着仙禽前来帝都告瑞——国运兴盛之预兆。至少，早春时节的这一场景，会带来一整年的好运。擅长绘画的他，将目睹的情景绘于绢素之上，并题诗一首以纪其实。

宋徽宗绘画技法太高明了，《瑞鹤图》不仅描绘出了群鹤飞翔的细节、动感，而且有高雅的意境，仿佛令观者听得到仙乐袅袅。二十只鹤，各具姿态，其中两只立于殿脊之上，并呈对称回首相望状。右侧的鹤稳稳站立，扭头作引颈高歌状，与众鹤呼应；左侧一鹤收敛了羽翼，是皇家殿宇中常见的鹤态，优雅贵气。浑然一幅玉宇千层、鹤舞九霄的壮丽图画。

耐人寻味的是，《瑞鹤图》天空的颜色——石青色，幽蓝、深邃、迷离，是“天下一人”宋徽宗独有的梦境。这种谜一般的色彩，穿越上千年，至今仍旧令人心动。或许是《千里江山图》中的一缕青绿，或许是孔雀尾巴上的一根细翎毛，或许是汝瓷起源的传说——在一个闲适的下午，宋徽宗做了一个梦。梦里雨过天晴，天空飘满了朵朵云彩，忽然一阵清风吹过，他在云间看到一抹神秘的天青色。醒来之后，宋徽宗对那抹色彩念念不忘，便作诗：“雨过天青云破处，这般颜色做将来。”随后下旨令工匠烧制出这种出尘脱俗的颜色。

二十只鹤，像是二十个穿着道袍的道士升仙。宋徽宗是怀着恭敬、爱恋的心情画鹤。格物致知的北宋，对于绘画，十分讲究科学性。传说，宫廷画院的画师们曾画生动富丽的孔雀荔枝图，宋徽宗一张张审阅后，当场指出：“孔雀上土堆，是先迈左脚而不是右脚。”画师们脸上露出了惊疑神色。但反复观察，果然像宋徽宗说的一样。

《宣和画谱》中对画鹤专门做了详尽描述：“凡顶之浅深，氅之黧淡，喙之长短，胫之细大，膝之高下，未尝见有一一能写生者也。又至于别其雄雌，辨其南北，尤其所难……”宋徽宗有《六鹤图》，画了鹤的六种姿态，像是科普图一般准确，又极尽优雅，成为后世画鹤的范本。

宋徽宗之所以能做到画鹤准确，得益于其长期写生式的观察。话说，这种资源优势也只有皇帝具备。他曾在汴京花费巨资建了一个园子，名“万岁山”，也就是艮岳。“括天下之美，藏古今之胜”，像一个巨大的展览馆，奇花异草，怪石林木，还有各地进献的奇珍异兽。想象，走进这所园子，如同走进传说中的道教神山，满足了宋徽宗极致

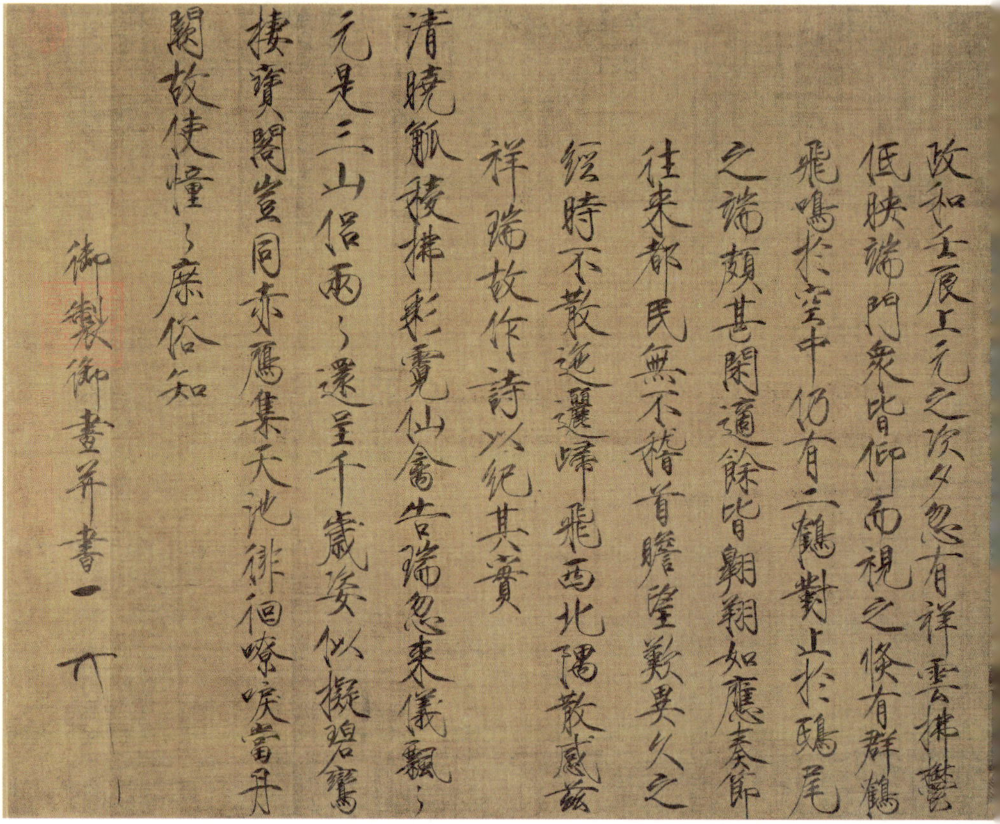

政和壬辰上元之次夕忽有祥雲拂鬱
低映端門衆皆仰而視之倏有群鶴
飛鳴於空中仍有二鶴對止於鴟尾
之端頗甚閑適餘皆翺翔如應奏節
往來都民無不稽首瞻望歎異久之
經時不散迤邐歸飛西北隅散感茲
祥瑞故作詩以紀其實
清曉觚稜拂彩霓仙禽告瑞忽來儀飄飄
元是三山侶兩兩還呈千歲姿似擬碧鸞
棲寶閣豈同赤鴈集天池徘徊嘹唳當丹
闕故使憧憧庶俗知
御製御畫并書

北宋　赵佶　瑞鹤图（局部）

浪漫的想象。

有趣的是，有个市井人物叫薛翁，本以街头驯兽表演为生，毛遂自荐为艮岳管理鸟兽。某日，徽宗来到，薛翁上前施礼并发出号令："万岁山瑞禽迎驾！"随着他一声长鸣，霎时间群鸟齐集，遮天蔽日，列队如仪作欢迎状。龙颜大悦。可以想象，徽宗是多么喜欢在这个园子里徜徉。

游玩，徽宗的趣味仍是高雅的。所见所想，多为其绘画创作服务，因为他曾很诚恳地说："朕万几余暇，别无他好，惟好画耳。"因此，在园子里徘徊久了，他才能总结出"孔雀登高，必先举左腿"类似的画诀。

不得不提的是宋徽宗的"瘦金体"书法。宋徽宗很年轻的时候，大约不到三十岁，即形成了这种独创的风格。除了强大的自信之外，不能不说源自其对艺术的超强领悟能力。在中国书法史上，能够创造独特审美价值书体的书法家为数不多。大批书家一生临池不辍，苦于不能出前人窠臼。

宋徽宗书法初习黄庭坚，后又学褚遂良和薛稷、薛曜兄弟，并杂糅各家，取众人所长且独出己意，形成"瘦金体"，锋芒毕露又神闲气定。这种气质，也只他一人独有。

这种笔法形状，与鹤有关。

中国文化中，鹤与长寿有关，民间有"千年龟，万年鹤"的说法。鹤为羽族之长，在吉祥鸟中地位仅次于凤凰。虽然徽宗在登基之前，并没有对皇位有深切的觊觎，但既然坐稳了江山，还是渴望他的统治能够地久天长。宋徽宗经常抬头仰望，信奉道教的他，总是期待着来

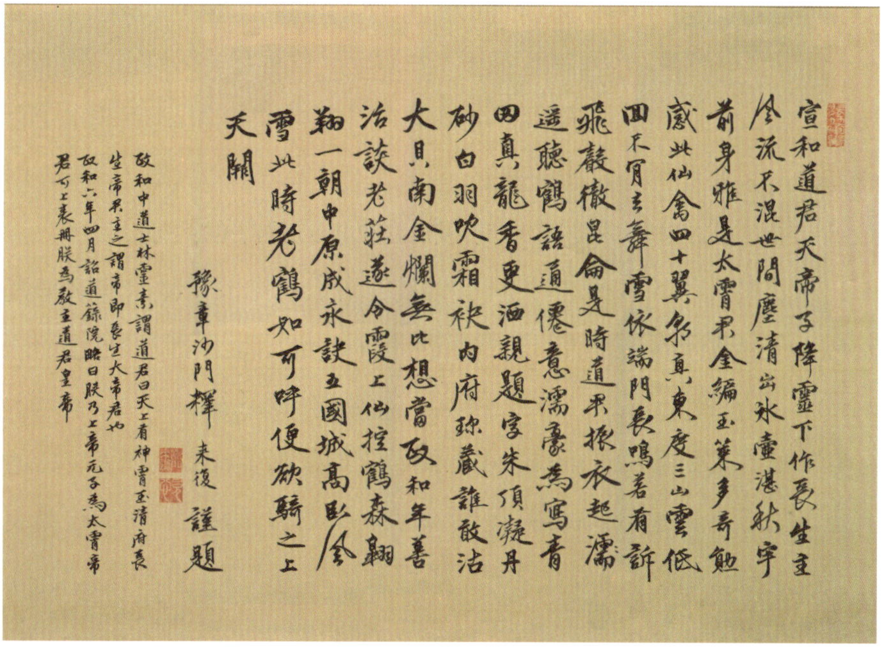

北宋　赵佶　瑞鹤图（局部）

自天庭的表扬，表扬他将国家统治得如何精彩，一切的好征兆，都是盛世华章。

我曾以好奇心试着临摹“瘦金体”，发现难度相当大。笔画硬且细，缺点无处隐藏，想要笔笔准确端正，难之又难，只好作罢。

又想起《祥龙石图》，也是宋徽宗的代表作。“其势胜溺，若虬龙出为瑞应之状，奇容巧态，莫能具绝妙而言之也。”在他看来，这块太湖石是一条祥龙，夜晚凌空而去。皇帝来回踱步，看着它，抚摸它，用手叩击它，怎么也爱不够，便用他高超的技艺，对物写生。石头经湖水千百年冲刷，形成大小、深浅不一的孔洞。浅处，宋徽宗用淡墨；深处，用浓墨层层渲染，立体感鲜明。一展卷，“祥龙石”如站立目前。

从这些画作的名称“祥龙”“瑞鹤”可以看出，宋徽宗多么挚爱这些祥瑞之物。在他眼里，这些东西不仅是美，而且可以给他统治国家带来好运。

邓椿在其所著的《画继》中提到，宋徽宗画了很多被视为吉兆的异象，如赤乌、芝草、甘露、白色禽兽、鹦鹉和万岁之石等，这类画作有数千卷，每卷十五张，并暗示所有的画都是徽宗亲自画的，“实亦冠绝古今之美也”。

宋徽宗对美的欲望、想象是无尽的。跟普通人不同的是，作为皇帝，他的欲望有了被满足的可能性。这十分幸福，也十分危险。他要将极致的美，全部收罗于艮岳。目之所见，鼻之所嗅，耳之所闻，舌之所尝，无不接近于天界。实现之后，他又害怕这些梦幻般的场景不能永恒，所以，最安全的方式，是将其画下来。拨开梦境的重重迷雾，是一个痴迷于“美”的脆弱灵魂。

北宋　赵佶　祥龙石图卷（局部）

是梦，终会醒。

造梦的代价，是“花石纲”的劳民伤财，“玩物丧志，嗜石误国”的民怨声四起。农民起义之后，金军兵临城下。靖康二年（1127年）三月底，金军将徽、钦二帝，连同后妃宗室，百官数千人等押送北方，北宋灭亡。艮岳的一部分太湖石，在京都军民守城时候，被砸碎充当炮石。据说，徽宗听到财宝等被掳掠毫不在乎。但听到皇家藏书也被抢去，才仰天长叹几声。

“书画天成，唯不能君。”一个不称职的皇帝，一生最辉煌的时刻，便是在绢本上绘画和繁荣宋代画院。不知晚年困居北方的赵佶是否还会记起当年汴京上空的鹤群。

雨水时节，天气仍旧阴冷，北方春寒料峭。欣赏宋徽宗的《瑞鹤图》，更感受到一种伤怀之美。仙鹤、殿宇，冷凄凄的，传递着严谨的悲伤。借助历史，或许可以说，那是一个王朝的悲戚气息的某种暗示，又可以说，那是君王凄楚命运的预言。但都是牵强附会。我相信，艺术的直接指向，是情感与心性。

宋徽宗之美，穿越千年。令我们眼前的时光，静谧起来。凝神静思，一切过往，都成烟云。只留下美好的天青色，空寂寞，等待我们绘制属于自己的鹤群。

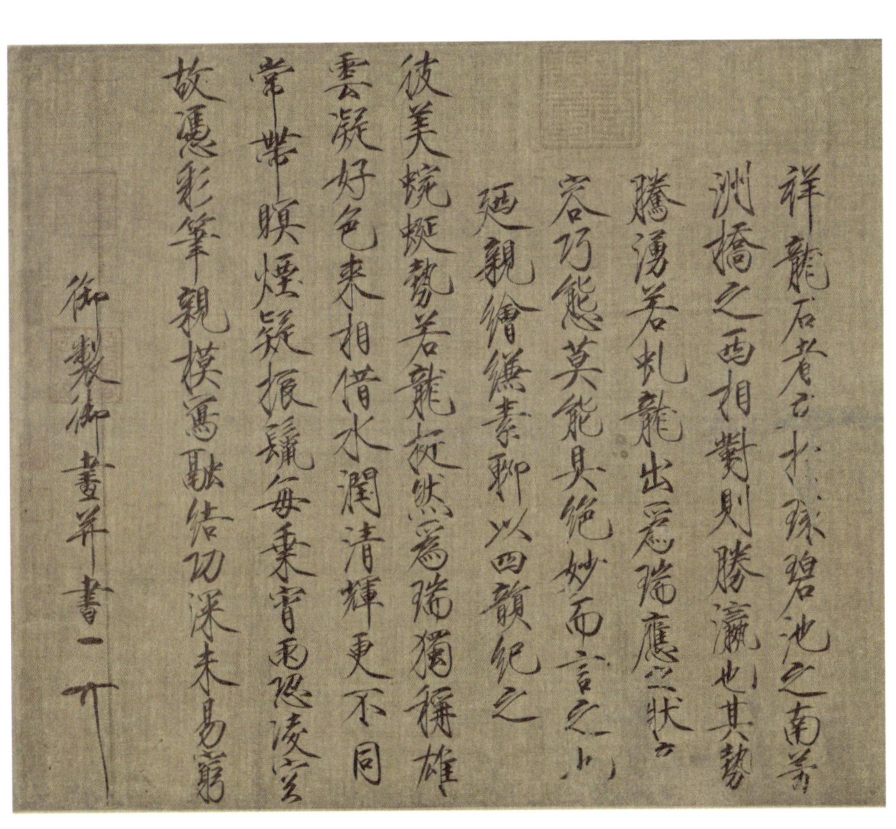

北宋　赵佶　祥龙石图卷（局部）

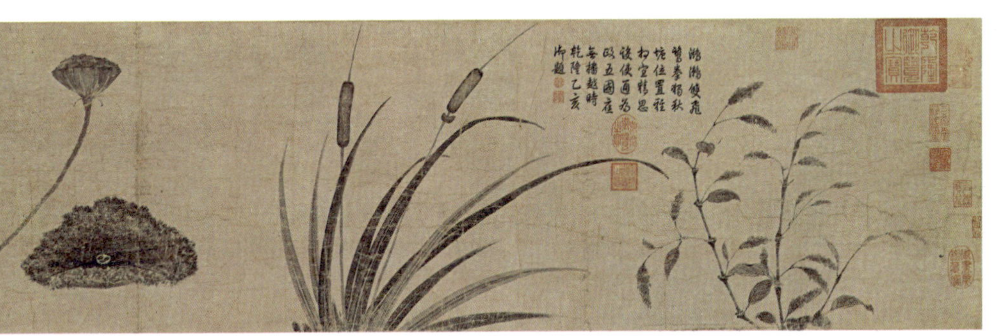

北宋　赵佶　池塘秋晚图卷

叁

惊蛰

最先醒来的是水

——郭熙《早春图》

惊蛰始于听觉。春雷响，万物长。惊蛰节到闻雷声，震醒蛰伏越冬虫。冬眠的生灵们被巨大的雷声惊扰，开始了复苏。实际上，这只是传说。地下的昆虫们听不到雷声，还是地气热了，被感知。所谓春气萌动，“气”，气韵，气息，生气，运气，是一种比声音更细微的存在。

春气，令草木萌动。据说，荠菜是最早的信使。在我上班的路上，京城三里河路的银杏大道，这是一条很美的路，路两边是齐整整的松，四季苍翠。粗壮的银杏树在围栏里，很成规模，俨然一个林场。路边的松针底下，蹲在地上仔细瞧，果然，荠菜已经冒出了绿色嫩芽。那种绿，还怯生生的。但是，光阴不等人，等到你发觉荠菜疯长的时候，一片白花摇曳，那时候，它们已经老了。

小时候，我像奶奶的小尾巴，尾随着她挖荠菜，也是在惊蛰前后。拿个小铲子，踩着松软的泥土。田间地头，其他作物还没动静呢，只有荠菜贴地铺开，很好辨认。小半天，一篮子。回家用清水洗净，鲜嫩的叶，白净净的根，切碎了包饺子。想起来，犹记得泥土的清香。

在画里，春天并不多，反而是寒林景色常见。文人画家喜欢枯寒的景色，大多与心境有关。倒不一定是灰冷的人生际遇所致，而是喜欢探究人生终极问题的士子，常常在象征着四季轮回之末的冬季，凝练出崇高的意境。

那天，看到郭熙的《早春图》，暗暗赞赏他的高明。如果不是先入为主，我一定不会认为这是早春。因为这座山，连同远处的山脉，还相当荒寂。山顶的上方，还弥漫着冬天的薄雾，回旋的山势，是那样刚强。山腰上的古树，蟹爪状，远没有葱茏的迹象。然而，这却是真实的早春。

郭熙生于河阳温县，即今天的河南孟县。地理位置北依太行与山西省接壤，南临黄河与郑州、洛阳相望。画中景色，是华北风貌，早春时节，是寒林景色的萧索。

北宋画家郭熙本是布衣出身，四处云游，以山水画见长，信奉道教，在民间过着十分潇洒的日子。但是，宋神宗爱极了他的画，硬是把他招进皇家画院。不仅将宫中所藏汉唐以来的名画都拿出让郭熙鉴赏，还“一殿专皆熙作”，专门拿出一个宫殿来展示郭熙作品，可见其喜爱程度。

郭熙的根，毕竟扎在民间，或者说，扎在山水之间。皇宫里锦衣玉食的生活，他并不热衷。就绘画而言，师古人和师造化的关系，郭熙已经把握得纯熟。天赋加山水感悟，使其他宫廷画家难以望其项背。

郭熙是一个对山水深有研究的人。他不是地质学家，他是在时间的维度里，去用心感知一座山的气质、形貌。一个职业画家，却像一个自然哲学家。他的《林泉高致》是我的枕边书。几篇精致的山水诀，美得忍不住让人想要背诵。

“真山水之烟岚，四时不同。春山澹冶而如笑，夏山苍翠而如滴，秋山明净而如妆，冬山惨淡而如睡。”

“山以水为血脉，以草木为毛发，以烟云为神彩。故山得水而活，得草木而华，得烟云而秀媚。水以山为面，以亭榭为眉目，以渔钓为精神。”

是画论，是美文，是哲理散文。读此，佩服郭熙作为画家视角的敏锐观察，也敬佩其精准的表达。最终，感佩于其“胸中有丘壑”的精神。

想象一下，郭熙注视的不是一块石头、一棵树，而是一座山。他自己说："山水，大物也。人之看者，须远而观之，方得见一障山川之形式气象。"按照苏轼的说法，不识庐山真面目，只缘身在此山中。郭熙就是那个在山外，远远地看着山，识得山水真面目的人。他不会执着于山间一隅，而是胸怀一种大气象。

郭熙眼中，不同时节，一座山的面目清晰分明，熟悉得如同枕边的人。想起一位婺源的摄影家朋友，问他油菜花什么时间开得最好，他会精准到某一天的清晨。

《早春图》虽然荒寒，但确是早春。有流水为证。想起那年与一群诗人同去浙江开化采风，感慨着，开化这地名多美呀。冰面开裂，化成一团春水，暖意融融。又可比喻人，脑筋开化，智慧突然如泉涌一般，开了窍。又想到，文化的"化"，也是这意思。比如，一千八百年前，王徽之令人种竹的时候说"何可一日无此君"，后世文人便乖乖照办——宁可食无肉，不可居无竹。这便是文化的魅力。

《早春图》借用的，即是"开化"的流水。虽然树木还是蟹爪状枯寂，但冰，在雨水前后，破了。破冰的声音，叫醒了周围的村庄。有妇人怀抱婴儿，手牵黄发垂髫的小童，身后跟着挑担的男子，黑色小狗也作为家庭成员之一，活泼泼地在前方引路。一家人在初春里欢愉。

河边，两男子正准备登岸，左边男子手拄竹篙，右边男子低头整理渔网，鱼篓等物依稀可辨。渔人的劳作，开始了。山腰栈道上，有行旅及樵夫。

这幅画的魅力在于，视觉中心从巍峨的山开始，思绪还是冬季寒

北宋　郭熙　早春图

林。而目光步步下移，到了流水处，心里慢慢暖起来。水，吸引了人，人的往来又激活了水。水活了，水上的山便要苏醒了。想象，那个早春的清晨，大山即将从沉睡中苏醒的瞬间，树木的暖意从根部生发，枝头的绿芽，作为一个含蓄的墨点，来到郭熙的笔下。这座山，貌似睡着，然而，马上要苏醒了。春山如笑，此刻，他嘴角正轻轻上翘。

郭熙的这番表达，是相当动人的。苏轼曾多次对着郭熙的画，激赏不已。某日，作诗曰："玉堂昼掩春日闲，中有郭熙画春山。鸣鸠乳燕初睡起，白波青嶂非人间……"挚友黄庭坚和诗"黄州逐客未赐环，江南江北饱看山。玉堂卧对郭熙画，发兴已在青林间……"

这两首著名的诗，是观郭熙的《秋山平远》而起意，借画抒怀。苏轼站在郭熙的画作前，进入一种纯粹的审美状态。前文引用的几句，是高调起笔，而后来的"我从公游如一日，不觉青山映黄发。为画龙门八节滩，待向伊川买泉石。"却是由春到秋的抒怀，苏轼的生命轨迹，从意得志满的春，经历乌台诗案之后，沉淀思绪，走向成熟的秋。借由郭熙"师造化"之后的笔墨意境，吐露自己的心境。观画，游览，完成时间和空间的游走，这是中国画最大的魅力。而最终，苏轼向往的，是随着老画师郭熙隐居林泉。

黄庭坚同苏轼的心迹相合，望着眼前的画，心思飘到了青林间。彼时，宋哲宗即位不久，新法弛废，新党修黜，朝野仍处在元祐党争的气氛中。苏轼于前一年平反昭雪，被贬黄州的经历如同一场噩梦。而黄庭坚也有着类似经历，被贬宜州，饱尝仕途艰难。那一刻，对于苏轼和黄庭坚来说，也正像是早春。即将告别人生的低迷期，冰破了，一缕春日的阳光照进来。而他们的心境，却不算高扬。而是略显低沉，经历了寒冬之后的战栗，仕途磨砺后留下的刻骨铭心的伤疤，都令他们需要时间去复苏。这便是早春气象。

春寒中，孕育希望。希望中，又有冷峻的寒意。

有说法认为，《早春图》的山，主体为呈“S”状盘旋的巨大山峦，与左右峰峦结合。主峰象征皇权，突出秩序感。而人物的安排，也有身份的考量。农民、渔夫位于底层，而象征士大夫身份的行旅者位于山腰。我对此观点表示怀疑。只觉得郭熙的画，有一种气场，一种与宇宙相合的韵律。这种韵律的把握，并不依赖于理性。这也是很多美术评论家往往画不好画的原因。

好的艺术作品，永远给人精神上的启示。透过《早春图》，我更认真地观察自然。京城的惊蛰时节，真的，道路两边的树木还枯寂着。最先按捺不住的，是后海的冰。冰化了，水暖起来，野鸭成群。马上，沿岸柳树该冒出鹅黄色的芽。感慨，郭熙对整个春天的把握，实在太透彻了，不然他不会这样写：

谓如春有早春云景，早春雨景，残雪早春，雪霁早春，雨霁早春，烟雨早春，寒云欲雨春，早春晚景，晓日春山，春云欲雨，早春烟霭，春云出谷，满溪春溜，春雨春风作斜风细雨，春山明丽，春云如白鹤，皆春题也。

惊蛰时节，该敏感如郭熙，感知着醒来的一切，拒绝心灵麻木。

北宋　郭熙　树色平远图

肆

春分

玉兰海棠平分春色

——陈洪绶《玉堂柱石图》

古时以立春至立夏为春季，春分，正当春季三个月的正中央。这一天，平分了春季。玉兰和海棠两种花，平分了这个时节的美。

玉兰花是忽然开放的。或许，是乍闻一声春雷，玉兰树受到了不小的震动，连叶子都来不及生长，就连夜开出花来。我曾在一株白玉兰下长久伫立，感觉她给了我一句诗，卡在喉咙里。许久，终于吐出来——绚烂的烟花向上飞升，到达顶端，瞬间，冻结成冰。

在京城，最闻名的，是大觉寺的玉兰。几年前，我与好友约定去京郊大觉寺赏玉兰，至今未能成行。那是一个绘画的朋友，对色彩和构图具有天生的敏感。平时说话走路，都是慢条斯理。在寺庙里喝茶赏花，最符合他的秉性。大觉寺、玉兰，这两个词一经组合，让我忘不了。没见到，却像是在眼前。据说，那里的玉兰树有三百多年，堪称“老修行”了。我感慨着，容颜鲜嫩，内心苍老，这正是多少人孜孜以求的境界。寺庙的红墙灰瓦作映衬，午后在春寒料峭中端一杯暖茶，选个舒服的姿势，坐上一个蒲团，冰雪聪颖的玉兰花静若处子，在近旁婷婷而立，一株，两株，三株。多好。

陈洪绶的《玉堂柱石图》中，玉兰是主角。这幅画乍一看与普通的岁朝清供图并没有二致，却像大觉寺的玉兰一样，一下子刻在我心里，怎么也忘不了。我想，但凡能打动人的作品，其中一定有深不可测的因子。几年时间的发酵、玄想，我才觉察，其中隐藏了三对矛盾：狂狷与工整、真与假、艳与俗。

明朝有两个狂狷的画家，一个是徐渭，另一个是陈洪绶。巧合的是，陈洪绶在命运的低谷期，选了个宅子躲起来，正是徐渭曾住过的“青藤书屋”，在绍兴。令让人怀疑，性情，是否跟风水有着隐秘的关联。

徐渭是大写意的泼墨风，“笔底明珠无处卖，闲抛闲掷野藤中”的题跋，是对命运歇斯底里的不服气。而陈老莲的狂狷，只在处世中。历史上关于老莲的奇闻轶事很多。据说，他画画名气大了之后，那些有钱有势的人请他作画，他死也不从。只要歌妓向他求画，他爽快应允，“人欲得其画者，争向妓家求之”。没办法，就是这种个性。

作为老莲的挚友，张岱有散文《陈章侯》，记下一则故事：1639年，时近中秋，两人在西湖边的画舫应酬回来，看到月色明亮姣好，便乘兴划船到断桥，一路上喝着酒、吃着塘栖蜜橘，十分舒爽。途中，有一女郎要求搭船，此女“轻纨淡弱、婉瘗可人”。喝得昏昏欲睡的陈老莲，像是打了一针兴奋剂，即刻振作起来。他以唐代传奇中的虬髯客自居，要跟女郎对饮，喝个痛快。谁知道，女郎毫不扭捏，欣然就饮，一口气把船上的酒都给喝空了。问她家住哪里，她总笑而不答。等她下了船，老莲做了一件猥琐的事——在身后暗暗跟踪。结果，只见此女身影飘过岳王坟，就消失得无影无踪。三百多年前的月色下，老莲大概是遇到狐狸精了。张岱文笔好，故事讲得生动飘渺，余音绵绵。很多人因此记住了陈老莲。

狂狷的性格，大多是因高蹈的才华抱负无从伸展而造成的委屈、憋闷。老莲即是。自小是绘画天才，却科场受挫。妻子亡故，仕途无望之际，又遭遇了大明朝的覆灭。随着清兵南下，祸乱不断，老莲在颠沛流离中险些丧命，后来逃到山里避乱，削发为僧。耳边不断传来师友自杀的消息。在这样的险境中，该如何安顿自己的身心？幸好有酒，幸好有艺术。

狂狷的老莲还有细腻的一面——爱花。比如，他爱牵牛，曾作

《牵牛》诗："秋来晚轻凉，酣睡不能起。为看牵牛花，摄衣行露水。但恐日光出，憔悴便不美。观花一小事，顾乃及时尔。"说的是，他在杭州居住的时候，长桥湖湾附近牵牛花很多。早秋时节的清晨，花草湿哒哒地挂着露珠，牵牛注满水汽，精神旺健，煞是好看。老莲破晓必定出门，唯恐错过牵牛开放最美的时刻。每天在长桥漫步，看花，吟咏赏玩半天。

一个嗜酒如命、不拘小节的人，面对路边的一朵花，小心翼翼地审视、观察、呵护。这种矛盾的性格，形成某种张力，很是迷人。

想起楼下居住的邻居大叔。爱喝酒，夏天常在楼下摆烧烤摊，张罗几个朋友喝到半夜，烟熏火燎。大叔醉酒后经常骂人。扯着嗓子骂，见他喝醉了，小孩子们躲着走。但大叔的另一面，也是爱养花，一院子的丁香，上方是碧绿的葡萄架。他侍弄花儿的样子，像照顾一个小婴儿。家门口的围栏上，缠绕了好几圈的金银花，花期来临，日夜芬芳。我常常感激着他的无声馈赠，觉得这必定是个有魅力的男人。大叔五十多岁，娶了个二十多岁的漂亮女人。

回到陈老莲，爱花，爱酒，爱女人。《玉兰柱石图》中，玉兰正开，海棠露出娇羞的秀色。他不是酒后用写意涂抹，而是用画笔悉心描绘，工整地打磨细节。那枝玉兰，有全开，有半开，有含苞。洁白，通透，像在雨后。他将一朵花捧在心上，所谓怜香惜玉，惜的，便是玉兰。

其次，这幅画的特点，是造型刻意，近乎呆板，显得"假"。最假的，是海棠蓓蕾上落脚的蝴蝶。它的来访，打破了清供的僵局。这个黑袍巫师，令整个画面的身份模糊。这幅画，是园林中的实景吗？

明　陈洪绶　玉堂柱石图

应该不是，现实中玉兰不会与海棠如此穿插生长。那么，究竟是怎样的情境，才能将这几种元素同框？读者照此思路行走，只是枉费心机。一切都很简单。画，是假的。现实中的假，是老莲心里的真。老莲在跌宕凄苦的命运中，最享受的，便是这作为“创造者”的快乐！心里有什么，笔下便生出什么。白玉兰高贵舒展，海棠少女含羞，太湖石的姿态如士子们千古的守望凝视，这一切，是老莲心里美的元素。如是思考，便如是表达，没有欺诳，是艺术的真。真诚动人。

俗、艳二字常常连带出现。海棠画得艳丽，却不俗。这又是中国画的密码。书法家黄庭坚认为俗病最难医，根源在于做人是否有道义，有没有圣哲之学作为学养的积累。而对于老莲绘画，最多的评价便是不俗，“高古”。老莲拒绝与俗人闲谈，一个不俗的灵魂，笔下艳丽的海棠，柔媚却有着超脱世俗之风骨。

追溯老莲的艺术履历，明末清初是中国版画的黄金期，老莲堪称翘楚。彼时，所作版画稿本主要是书籍插图和制作纸牌用，尤以《水浒叶子》四十幅闻名天下。基于深厚的版画功底，老莲绘画线条的转折和变化强烈，有古拙感，这也是其不落俗套的原因之一。

比如，已经足够丑和瘦的太湖石，亘古不变的石，在岁月中倔强到地老天荒。老莲还不肯善罢甘休，令其变型，变得比太湖石更像太湖石，便是从无数太湖石中抽出的筋骨。沉默的石头，代替老莲发声。破碎的山河中，老莲挑选了这块最坚硬的石，作为沦陷王朝的化身，日夜相思。它沉默着，在烟火跌宕中修炼得面无表情，伴花而生，决绝得几乎要为美殉情。

《玉堂柱石图》抒发的，是无尽的美好。老莲在花丛中观察了那么久，终于在春分时节，折下两个干净的花枝。让她们在绢纸上，舒展，永恒。

《玉堂柱石图》只是陈老莲绘画的冰山一角。他的人物画，更是高古奇崛，令人冷不丁陷入沉思。

关于春天的话题，又想起老莲的《斗草图》，也曾令我感动。画中五位女子端坐于苑囿之中，玲珑的假山，雍容的长尾松，将环境衬托得十分典雅。五个妙龄女子正在玩斗草的游戏，她们每人都采摘了大捧的花草，左下方和右上方的两位女子采的尤其多，多到将衣裙撩起才能兜住。右下角女子拿出一枝花叶，神情颇为得意。旁边手持纨扇的女子一边摆手似乎在说："莫要得意，我还有更好的呢。"栩栩如生，仿佛可以听到女子清脆的嬉笑声。

彼时，我望着这幅画出神良久，被其传递的恬静氛围所打动。古人，于深深的寂寞中发明了这项"斗草"的游戏。她们没有什么思想包袱，单纯而朴素，偶尔望望蓝天。暖春时节，他们深入有泉水流淌的山林，一边欣赏着光景，一边采草。他们认识多种草的名字，并为之赋诗。这种慢节奏的质朴的生活，让我在冥想中深深沉醉。

老莲画里，春意绵长。他怀揣一世凄苦，对山石草木格外珍惜。倾尽绝世才华，描绘着永不凋零的花枝。

明　陈洪绶　斗草图

明　陈洪绶　戏婴图

伍

清明

赴一场品泉之约

——文徵明《惠山茶会图》

清明，在仲春与暮春之交。扫墓祭祖与踏青郊游是两大礼俗主题。“清明时节雨纷纷”的诗句，让雨后清新的江南，披上一层淡淡的哀伤。然而，这一时节，自然毕竟太美了，处处是油油的绿和一丛丛花开。北方正告别彻底的寒，暖煦煦的气息从地表升腾而起，生发万物，与上空蒙蒙的雨相呼应，将人间的一切滋润得彻底醉了。

作家张岱最喜欢看这美好人间的热闹。彼时，他在扬州，生发了诸多感慨。他将扬州清明比作画家手卷，足足绵延三十余里。张岱眼光独到，用笔又极生动简练。在他眼里，扬州清明，是一幅流动的《清明上河图》——扬州清明，全城的人都出动了，家家上坟，户户祭扫。大街小巷，桥头郊野，到处是络绎不绝的人群。这里有“轻车骏马，箫鼓画船，转折再三，不辞往复”的清明节气氛，又有“监门小户”，祭扫后“席地饮胙”的情景。“余所见者惟西湖春，秦淮夏，虎丘秋，差足比拟。然彼皆团簇一块，如画家横披，此独鱼贯雁比，舒长且三十里焉，则画家之手卷矣。”透过这样的描写，似乎听得见平山堂外的嬉闹声，看得见桃红柳绿花衣裳，迷蒙成一团春意。

然而，这毕竟是俗人俗情。在真正的士人眼里，清明节的画卷，寂静得只听得到自己的心跳。

明武宗正德十三年（1518年）清明，文徵明与好友蔡羽、汤珍、王守等六人，在无锡惠山举行茶会。这场品茶的小型聚会太安静了，安静得本来不需要被其他人知道。但因《惠山茶会图》的传世，成为一场著名的雅集。

名士们将自己安置于自然，全然沉寂于山水中，品茶。山水为主，人为客。文徵明是一个性情内敛的人，因而惠山的茶会，是不张扬的。

不同于兰亭修禊的题材，他们不再以吟诵诗文为主要目的。他们将泡茶这桩事，当作一个敬重山水的仪式。谦逊的姿态，流露出一种真正的“闲”。有了闲暇，从而诞生了好的艺术。

唐代茶圣陆羽曾将天下水分为二十等，惠山泉为天下第二。文徵明素来不擅长饮酒，却十分喜欢喝茶。他说，“吾生不饮酒，亦自得茗醉”，又曾作诗：少时阅茶经，水品谓能记。如何百里间，慧泉未能试……也就一百里的距离，怎么就不能去品尝闻名遐迩的惠山泉呢?

如今的一百里，开车不到一小时。而在五百年前，却是不短的距离，需要从长计议。

据蔡羽叙述，他们早就有惠山之行的计划。这一天，终于动身了，似乎天公也特别作美：“……戊子为二月十九，清明日，少雨，求无锡未逮惠山十里，天忽霁。日午，造泉所。乃举王氏鼎，立二泉亭下；七人者，环亭坐，注泉于鼎，三沸而啜之。识水品之高，仰古人之趣，各陶陶然，不能去矣！”

文章简练，清新，有画面感。文末没发感慨，只有小情怀的陶陶然。几位品尝了“天下第二泉”的清冽，喜滋滋的，怎么也不舍得离开。

惠山归来的文徵明非常高兴，回忆起来数次作诗：“妙绝龙山水，相传陆羽开。千年遗志在，百里裹茶来。洗鼎风生鬓，临阑月堕怀。解维忘未得，汲取小瓶回。”

跑了一百里，毕竟不容易，文徵明用小瓶子装了惠山泉水回来。这个小故事，应该是圆满地讲完了。

画《惠山茶会图》的过程，是文徵明作快乐的追忆。作品既是

明　文徵明　惠山茶会图

纪游，又是重新创作。苍郁的松，秀丽的石，古朴的亭，悠然的贤士……未必是还原当时的现场，而是呈现他心中理想的雅集的样貌。

那个清明，一定是文徵明年迈之后念念不忘的，因为一百里的距离，因为清冽的惠山泉，因为几个知己围坐一团品茶的闲情逸致。

然而，《惠山茶会图》毕竟不是单纯的纪游，而是抒发着文徵明的现实理想，包含着相当复杂的情绪，这正是令后世文人深深着迷的地方。

理想，是在低迷的现实土壤中努力伸张的枝杈。

文徵明创作这幅画的时候，是在正德十三年左右。当时，他已经是第九次参加南京的乡试。九次的科场挫折，已经将他的盛年之气压服。文徵明有韧性，虽然没有消沉，但这种沉穆的有些抑郁的情绪无法掩藏。笔墨即心迹，《惠山茶会图》所抒发的，不是岁月静好那般单薄。

画卷自右向左展开，除三位书童之外，共有五人，有人在井边取泉水，有人山径信步。紧挨着井亭、松树下茶桌上摆放着精致茶具，桌边方形竹炉上置有茶壶似在烹泉，一童子在取火，另一童子备器。文徵明对青绿山水题材情有独钟，作品从视觉上令人眼前明亮，如入雨后山林。

雅集的最高形式，是文人们各自悠悠然的闲态。没有语言上的攀附、迎合，没有行为上的整齐划一，他们任性情流露，步伐散落在山林中。

人无媚态，是“雅”。精神的高度契合，是“集”。

这些人的相聚，是为了品泉水。清贫，清高，清雅，清狂，都是

明　文徵明　惠山茶会图（局部）

泉水之清。科举失败的伤痛，可以此泉水来洗涤。清风明月无价，也似这种清，与浊相对。

文徵明的人生，不浊。他中年以后成为苏州最热门的画家，求购作品者络绎不绝。但文徵明有自己的规矩，“生平三不肯应”：一是不给藩王作画，二是不给太监作画，三是不给外夷作画，秉持儒家正统士大夫操守。如此，像是一个隐喻，惠山泉令他动情。然而，他的性格底色，仍旧是沉郁的。人生的悲凉感，历史的苍茫感，尽在《惠山茶会图》中。这一点，是不可言说的意味。

蔡羽小楷题《惠山茶会图》曰：“惠麓烟中见，名泉拄杖寻。蔽亏多翠木，宛转向云林。世有煎茶法，人无饮水心。清风激修竹，山谷得余音。”

“世有煎茶法，人无饮水心。”山谷的余音，只有全然放下功利心的人才听得到。这群人带着茶具，赴一场百里之外的品泉之约，一路抖落风尘，只剩下一颗赤子心。文徵明的画，澄净和沉郁两种相反的气质交织，令敏感的人为其深深着迷。

文徵明是一个极富耐心的人，八十多岁还能写一手娟秀的小楷。他和沈周都是文人圈子里的领袖人物，笔下多有雅集题材。他骨子里，不是个爱喧嚣的人。所以他的这类画，是青绿山水风格的小写意，诠释静穆与崇高。

偶然想起，历史上最著名那场永和九年的雅集，也是在清明时节。修禊，是源于周代的一种古老习俗，即农历三月上旬“巳日”这一天，到水边嬉游，以消除不祥。兰亭雅集，即是王羲之、谢安等人在兰亭这个地方，举行修禊活动。那个惠风和畅的日子，大家放下心头的忧

明　文徵明　兰亭修契图

虑，顾盼着溪水里飘来的杯盏，酝酿心中的诗文。如若迟疑，便要受罚。既是交流，又带有游戏的性质。

那一天，微醺之后的王羲之心情极好，透明和暖的阳光照在他身上，如此真实，又如梦幻化。这令他产生了生命流逝的淡淡的忧伤。他为此次雅集撰序，笔随心走——“向之所欣，俯仰之间，已为陈迹，犹不能不以之兴怀，况修短随化，终期于尽。”这永不停息的时光啊，俯仰之间便带走了一切。尽管这种感慨已经并不新鲜，但仍忍不住由此抒怀。并且，他预言，“后之览者，亦将有感于斯文”。果然，一千六百多年过去，我们的心跳，跟永和九年那个春日的心跳，依然在同一脉搏。我们的欢喜，我们的忧虑，都被王羲之在春日的阳光里看透。悠悠荡荡的杯盏，顺水流淌，是对“逝者如斯夫”婉转的注脚。

《兰亭序》诗文本身，以优雅的方式触及了终极问题。天下第一行书，又将繁复的情感抽象。言，到此而尽；意，无有穷尽。千年来，除了书家，画家们亦成为这种“意味”的揣摩者，各种版本的《兰亭修禊图》应运而生。不着一字，雅集之雅，人生之快意与无奈，铺陈于笔墨色彩中。给时空，以美学的方式重新上了一把锁。

文徵明的《兰亭修禊图》，几名高士相隔很远，分不清哪个是王羲之。像是彼此间并不交流。如何听得见对方作诗呢？绘画毕竟是视觉艺术，画面因此疏朗。人在天地间，显得身形渺小却不羸弱。最美好的，是周边景色，树林蓊郁，空气洁净。那是文徵明心中的晴朗与明净。

想起那年春日，我同游人到绍兴兰亭，有微雨，游人不多。站在鹅池旁，望着鲜嫩的柳和碧绿的水，心里的画卷，似乎也贴合文徵明笔意。

水边饮宴、郊外游春，是清明时节诗意。天地无私，美景人人可赏。更庆幸的是，那些以艺术为表达媒介的人，站在时空高处，俯瞰大地苍生，清澈的眼神与时光的无情流转碰撞出绚烂的火花，教会我们，记住某一瞬间。

陆

谷雨

醉春风

——仇英《汉宫春晓图》

古代著作中，谷雨分三候：一候萍始生，二候鸣鸠拂其羽，三候戴胜降于桑。谷雨前后，降雨量增多，浮萍开始生长，布谷鸟满田野啼叫，提醒播种，然后，桑树上开始见到戴胜鸟了。

另外，谷雨前后宜赏花。牡丹花开了，牡丹花也被称为谷雨花——谷雨三朝看牡丹。这时节，可以做的事情太多了。人们珍惜着春天的早晨。尤其是女子，穿上美好的衣服，给自己抹上樱桃红的唇膏，向着晨曦里轻快地走去了。

汉代宫廷里，春天的情境竟跟我们一样。各种角色，都珍惜着清晨，把最美好的时光，用来做最美好的事情。仿佛隆重的仪式。

“明四家”之一的仇英，最擅长描绘仪式。传世名作《汉宫春晓图》便是以春日晨曦中的汉代宫廷为题，用长卷的形式描绘了后宫佳丽百态，大有可观。画中有后妃、宫娥、皇子、太监、画师等一百一十五人，每一个都衣着鲜丽。他们各自有不同的分工，忙碌在春日里。因为忙的是些无关紧要的事，所以又整体呈现出一种闲态。令今人有不尽的情节解读，又有无尽的审美空间。

除却各仕女群像之外，《汉宫春晓图》融入了各种文人式的休闲活动：妆扮、浇灌、折枝、插花、饲养、歌舞、弹唱、围炉、下棋、读书、斗草、对镜、观画、戏婴、送食、挥扇等。这么复杂的场景，手卷的长度仅三十厘米左右，人物身高只有两三寸，五官刻画、发型设计、头饰衣着的细节生动精微，令人唏嘘不已，怀疑仇英当年是在挑战某项吉尼斯世界纪录。

长卷从宫廷外景起笔，清晨的雾霭中，烟柳碧玉成妆，宫门口的假山寓意庄重与高贵。围墙内首先一湾渠水，最先出现的不是人物，而是鸳鸯白鹇飞翔栖息。这是中国书法式的含蓄起笔。接着，一宫女领三孩童倚栏眺望水上飞鹇。宫室内两宫女冠袍持宫扇，似待参加仪仗。一宫女凭栏望窗外孔雀。两便装宫女，一个在饲喂孔雀，一个依傍门后。户外，一人提壶下阶，三人分捧锦袱杂器侍立。画到此处，高贵的人物才次第出场。一后妃正拢手危立，注视宫女灌溉牡丹，牡丹左方一女伴随两侍女，一侍女浇花，一侍女持扇。

像是极具音乐的美感。此处，出现一树白花，树下有人摘花承以金盆，有人正采花插鬓，有人持扇迤逦而来。再往左，是女乐一组，有的婆娑起舞，有的拍手相和，有的鼓弄乐器。后来，有几个女子坐地，玩斗草的游戏，衣袂飘飘着于地上，像仙子。之后，又是一组玩乐场景，弈棋、熨练、刺绣、弄儿，互不相扰，却热闹得很，该是画作的高潮部分。再者，正屋中有后妃，有画工为其作画。传说，是毛延寿正为王昭君画像。另有十余人拱卫侍从。最后，宫女一人捕捉柳梢上的蝴蝶。最后，宫墙外，仍以柳树收笔。余韵不绝。

画家仇英不是为了故事而创作，他是为了表达“美”而伸展笔墨。在他眼里，宫廷的富贵之美、人物的姿态之美、服饰的色彩之美、技法的工细之美，都值得倾尽心血。据说，这幅画创作了四五年的时间。仇英以工笔重彩的笔法，将自己的青绿山水和亭台楼阁技法作为仕女画的背景，又将古人法度和明代绘画风格融合在一起，颇具匠心。

抛却技法不说，在故事匮乏的古代，这幅长卷，将有多少的情节可以生发呀。擅长写小说的人，一定能够据此编出汉代宫廷的许多故事。像是《清明上河图》，写尽底层人民生活百态，《汉宫春晓图》描绘了汉代宫廷百态。但这种姿态，不是现实主义的，是经过仇英的心

明　仇英　汉宫春晓图卷（局部）

思过滤的，不像我们看到的宫斗剧。画卷里，人物没有愁苦，没有生活的忧虑，尽享春日清晨的欢乐。仇英觉得，绘画，首先要选择美的对象。这种美，可以在现实的基础上升华，提纯，改造。这是典型的匠人思维。

仇英的《清明上河图》描绘明时苏州城远近郊情境，画面人物共两千多，令人叹为观止。《桃源高隐图》《剑阁图》《仙山楼阁图》，画面极其繁复精美，都是仇英的作品。清代褚人镬的《坚瓠集》里，记载了仇英的履历："周六观吴中富人，聘仇十洲主其家凡六年，画《子虚上林图》为其母庆九十岁，奉千金，饮之半逾于上方，月必张集女伶歌宴数次。"这里提到的《子虚上林图》又叫《天子狩猎图》，描绘了皇帝带嫔妃外出游乐的情景，包括御龙舟、观狩猎、眺海景等众多大场面。画里有嫔妃、卫士、文武侍从将近四百人，手卷长五丈。令人感慨的是，这样重大题材的鸿篇巨制，竟是一幅贺寿图。为了创作这幅画，仇英在有钱人周六观的家里寄居了六年。虽然得到了丰厚的报酬，但却掩盖不了被人雇用的身份。

仇英曾多次以工笔重彩绘制《西园雅集图》。雅集这种繁复的场景，对别人是考验，对他则是展示才华的机遇。因为李公麟、刘松年、赵伯驹等人的风格笔致，他曾下了多年苦功临摹，各种笔法熟稔于心。山、石、竹林、庭院、栏杆、水榭，在他笔下常画常新。

读仇英的《西园雅集图》，见不到对苏轼的仰望，读不到米芾等名士狂怪的性情，只看到热闹精彩的故事。画面处处好看，无论哪一处的光景，色彩、形态，都经得起推敲。仇英的画，重在博古。

仇英，绘画史上最没有故事的巨匠，却反而由此引来众多探寻的

明　仇英　汉宫春晓图卷（局部）

目光。

晚明，苏州经济繁荣，文化发达，文人想要对抗黑暗政治生态，排遣精神苦闷，于是，富丽堂皇的雅集频频举办。仇英是雅集的常客。

比如，暮春三月的一天，江南某私家园林的主人邀约三五知己，在竹院中赏玩古董，烹泉品茗，仇英是其中之一。对于古董，仇英并没有深入研究。然而这样的场景，仇英却经历很多。所以，在他画《竹院品古图》的时候，除了主人和客人玩赏古董的场景之外，脑海中还有无数细节作为他的甄选素材——远景，竹林中顶着鲜绿的春笋、太湖石的孔洞背后隐藏的瘦鹤；近景，案上、案前摆放的各种青铜器和古董、禅椅上斑斑的竹痕……凭技艺，仇英做到了心手合一。

品玩古董，需要客观环境和心境。出身寒门的“工匠”仇英，两种条件都不具备。他只是这门贵族艺术的描绘者、记录者，因为他有一身绝技。他的绘画技艺，是文人雅集的通行证。他的使命，是为那个时代的富贵文人留下鲜活而美好的细节。

仇英成长的大明王朝中期的苏州，是手艺人的天堂。作为漆工的仇英，由于手艺出色，偶然被大画家周臣相中，学习画画。周臣有两个著名的学生，一个是仇英，另一个是唐寅。后来，仇英结识了收藏家项元汴，在他家里一住就是十几年，临摹了大批古画真迹，画工越来越精，整天出入文人雅士圈子，名气越来越大。

历史上，关于仇英的记载不多。虽然与沈周、文徵明、唐寅并称“元四家”，但仇英毕竟不是文人，他不擅长以文抒情。他的一生，似乎是沉默的。他对画面的雕琢有着强迫症般的执着，连署名都觉得是破坏画面效果。《明画录》谓其：“发翠豪金，丝丹缕素，精丽艳逸，

明　仇英　汉宫春晓图卷（局部）

无惭古人。”

贫寒的仇英，一生都在描绘富贵。

在江南文人雅集的聚会中，精湛的绘画技艺意味着尊严。仇英的《兰亭修禊图》，角度是纯粹的审美。竹林、花草、怪石，天地间的色彩，妍丽明快。水中飘荡流淌的杯盏，似乎富有弹性，浪漫而有韵致。士人们次第盘坐于岸边，他们长衣的线条，婉转流畅，像是王羲之的行书，字与字之间有墨气的呼应和连带。

试想，仇英在描绘《兰亭修禊图》的时候，心态，是充满享受和羡慕的。他全身心融入画作。他不会作诗，倘若杯盏漂流到面前，一定羞得面红耳赤，只能遭受罚酒的窘态。这令他自卑。现实生活中，他虽然出入众多文人雅集，精神却游离于雅集之外。他极尽能事，将曲水流觞的场景描绘得令人神往。他最拿手的，便是以色彩、线条呈现美感。

话题从《汉宫春晓图》转移到《兰亭修禊图》，无非是在写画家仇英。虽然评论家对其作品褒贬不一，但这种纯粹的美感和精湛的技艺，把生活描绘得多么瑰丽。春天的清晨，采花插鬓，喂养孔雀，柳梢捕蝶……梦幻也好，想象也罢，谁不想永远驻留在和暖的春风里，沉醉着呢。

明 仇英 竹院品古图

柒

立夏

花开时节动京城

——恽寿平《牡丹图》

诗人说，赢得春天的是牡丹，打败春天的也是牡丹。诗人还说，唯有牡丹享尽了汉语的荣华富贵。谷雨到立夏之间，牡丹正艳。附近的紫竹院公园，牡丹观赏区每日吸引无数摄影家聚焦。牡丹绽放，是有光芒的，所有路过的人都忍不住驻足、流连。谁能拒绝这么圆满和美好的存在呢。

作家张岱在《陶庵梦忆》中，三言两语，写天台牡丹："大如拱把，其常也。某村中有鹅黄牡丹，一株三干，其大如小斗，植五圣祠前。枝叶离披，错出檐甃之上，三间满焉。花时数十朵，鹅子、黄鹂、松花、蒸栗，萼楼穰吐，淋漓簇沓。土人于其外搭棚演戏四五台，婆娑乐神。"爱牡丹的人搭台子唱大戏，庆祝花开。

这场富丽堂皇的盛宴，作为"好色之徒"的画家们从未缺席。不知历史上是哪位画家首先画牡丹，只记得唐代周昉的《簪花仕女图》，最右侧侍女身披紫色纱衣，头簪牡丹花，侧身逗一只小狗。令人震撼的是，牡丹花并不是斜插，而是被理直气壮、招摇地顶在头上。像是青春的、美的宣言。侍女身姿袅娜，一副春波荡漾的神态。大唐风韵，在《簪花仕女图》里找到最好的解读。那朵牡丹，该是主角之一。

读《簪花仕女图》，像是看戏一般，看服饰，看动作，看美人，看花饰，眼前总觉得热闹。后来再读其他的牡丹图，就觉得寡淡。平平无奇，技法上的高超，总超不过真实的牡丹花的样子。奇怪的是，花鸟画鼎盛的宋代，牡丹图并不多见；反而是枇杷、海棠、水仙、蜀葵、石榴占了大半壁江山。后来想，牡丹身上毕竟缺了一种气质，便是山野气。山野气还有一种解读，便是"逸气"。

到了清代著名花鸟画家恽寿平这里，我对牡丹画的印象有了改观。

清　恽寿平　白牡丹

尤其是那幅写意牡丹，看得人动心。“色借相公袍上紫，香分太极殿中烟”，浅紫色的牡丹，中间几点水墨，朦朦胧胧真像是生了烟。这枝牡丹，应该是在风中摇曳的样子，有动感。一朵牡丹，足以撑起整个画面。几片淡叶子，像是蝉翼一般，犹如美人脸上的蛾眉，装点得牡丹花更加明眸善睐，却绝不俗气。

还见过恽寿平的白牡丹，白牡丹开在白色的宣纸上，对于敷色的要求极高。这朵白牡丹虽然浅淡，却不失国色天香的王者风范。敢这样画，只能说作者对自己的技法相当自信。

恽寿平是以没骨花卉著称的画家，严格地说，他的手法是用没骨的外衣套在工笔的躯体上。牡丹花也多是写实为主，精巧繁复的花瓣，一瓣一瓣，色染水晕、粉笔带脂，他极其富有耐心地逐一敷色，艳丽却有明净的清透之感。

有人说，恽寿平笔下花卉有仙气，又有平和而迷人的贵气。无论哪种花，都是清新和雅致的。笔墨不撒谎，唯有格调高雅的性情，才有如此韵致。恽寿平的花卉作品很多，印象深的，有一朵百合，花蕊直接伸出来，像是有话要说，前人粉本中很难见到的图式，一看就是写生。葡萄茄子白菜芋头，有沈周的文人笔墨气息。荷花清甜，翠绿的叶子敷色像是翡翠，养心养神。

恽寿平画桃花也不俗。小家碧玉，便是他笔下桃花的样子。

本文写牡丹，却想起恽寿平笔下的《五色芍药》。上大学之前，我还分不清牡丹与芍药两种花卉。“晚春早夏，暑气生，绿意浓，芍药开，独殿春风。念桥边红药，知为谁生？”

芍药比牡丹花期略晚。看芍药，是在扬州瘦西湖。

清　恽寿平　香水百合

芍药是扬州市花之一，自古就有“洛阳牡丹，广陵芍药”的美誉。扬州的芍药栽培始于隋唐，盛于宋朝。苏东坡曾赞“扬州芍药为天下之冠”。

沈括《梦溪笔谈》记载，北宋年间，韩琦任扬州太守时，府上后花园中有“金带围”的芍药品种，花开四朵，美丽异常。韩琦邀请正在扬州的王珪、王安石和陈升之来赏花。应该是乘着酒兴，韩琦剪下这四朵金带围，在每人头上插了一朵。浪漫不已。这还不是故事的重点，重点是此后的三十年中，簪花的四个人竟都先后做了宰相。这就是有名的“四相簪花”的故事。为了纪念这个典故，瘦西湖景区万花园建有簪花亭，亭子四周遍植芍药。

后来人们提起芍药，总把它与牡丹并称，二者花期相近，花形相似，牡丹富贵，芍药娇媚，本各有千秋。但刘禹锡的一句芍药“妖无格”，使得芍药从“百花之中，其名最古”沦为牡丹的衬托。于是就有人为芍药鸣不平，唐代王贞白就说：“芍药承春宠，何曾羡牡丹。麦秋能几日，谷雨只微寒。妒态风频起，娇妆露欲残。芙蓉浣纱伴，长恨隔波澜。”

恽寿平《五色芍药图》中题跋：“北宋人旧本有五种没骨华图，赋色妍丽，虽阅数百年，丹粉如新，渲染之工，位置之妙，正非近时学者所能拟议。乙丑秋日，南田寿平题。”

当时，恽寿平见到北宋人的没骨花卉图，非常喜欢。在1865年的秋天，画下了《五色芍药图》。在题跋中，他高度评价了这些花卉图的艺术成就，也说出了自己在画作花卉时注重位置、赋色、渲染等方面的艺术技巧。题跋之后，南田又题一诗云：“吹罢琼箫咽凤尘，粉痕暗减镜中春。低垂翠袖红妆侧，舞倦龙纳金谷人。”

这首题诗没有正面描写芍药之美，而是以美人喻花，美人吹罢玉箫，使凤楼上的尘土不再飞扬。其次形容芍药花色泽素雅，因为美人脸上涂上铅粉，镜中失去她原有的艳丽色彩。第三句形容绿叶衬托着芍药花，犹如侍女在美人边侧低垂翠袖。最后，形容芍药花在微风中摆动，犹如穿着龙绡的美女绿珠在金谷园里刚刚结束跳舞。

恽寿平的诗文功底是很好的，绘画、诗文和书法，时人称之为“南田三绝”。恽寿平初入画坛，擅长山水，但看了好友王翚的山水画之后，觉得自己无法超越：“此道让兄独步，格耻为天下第二手。”于是，转而学徐熙、黄筌的花鸟画。特别是没骨法，很快形成自己独特的风格，人赞之“天机物趣，毕集毫端”。

清代邹一桂著有《小山花谱》，专门教授各种花卉的画法。山东画报出版社的版本配了很多邹一桂的作品作彩色插图，很耐看，菊花、腊梅、杏花、荷花，当然，也有牡丹和芍药。邹一桂学识很高，对绘画颇有见解，他指出，画画最忌六气：“一曰俗气，如村女涂脂；二曰匠气，工而无韵；三曰火气，有笔仗而锋芒太露；四曰草气，粗率过甚，绝少文雅；五曰闺阁气，描条软弱，全无骨力，六曰蹴黑气，无知妄作，恶不可耐。”邹一桂传承的，便是恽寿平的衣钵，但对比起来，我还是更喜欢恽寿平的清雅、平淡，花卉没有脂粉气，只有君子气。相形之下，邹一桂的花卉，还是略微浓艳了一点。这一点，可能还是跟人的性情有关。后来得知，这邹一桂是恽寿平的女婿。

恽寿平其人，一体两面。

一面是痛，在诗里。出生在明末清初，王朝更迭，国恨家仇，作为士子，心中波澜始终难以平复，“积墨成烟扑酒缸，吟诗自倒花间觞。藏名只合老空谷，高志直欲凌侯王”，是恽寿平的真意。“惊鱼愁有网，宿鸟痛无枝”是他饱尝丧乱的心灵写照。那段被清兵总督收养的经历，令他深恶痛绝。他有题画诗：“深根藏器时，寸寸抱奇节。遭时上风云，故可傲冰雪。”画中竹石，即是隐逸遗民。

一面是美，在画里。“南田工画，山水花卉兼擅，比之天仙化人。”评论家这样说。恽寿平花鸟画，仅设色，就足以令人倾心。弱风拂柳，浅淡却不轻佻，落得一个“清”字。南田自己说：“设色之巧，极为浅淡，愈浅淡而越见沉深。”他的秘诀——从深沉里，涤荡出空灵。内心的深沉，万万不能走向浓重。要极浅淡，才极深沉。

恽寿平其人，配得上一个“仙”字。凝视南田花卉，总感觉，一定有天女趁人不备，对着宣纸吹了一口仙气。将那些花草的颜色，吹得很淡，淡淡的飘逸奇幻的香。又将那枝条柳叶，吹得绵软，柔美得让人心生怜爱。

恽寿平有贵气，“少壮时多与畸人侠士游，常奔走千里，恍惚生死，他人色沮神丧，而叔子意气如常”。他的性格内向深沉。“言貌恂恂，与人接，恒简静不发一语”，与人交往，“袖手无言味更长”。

恽寿平画作，画的是一等一的富贵。才学之富，精神之贵。

眼下，每年五月，洛阳、菏泽的牡丹盛开，声势浩大。有洛阳的朋友来京，常带的礼品，便是当地画家的《牡丹图》。“花开富贵”题材，满纸红绿，大同小异，叫人格外想念恽寿平的牡丹图。

清　恽寿平　牡丹

洛神賦第一卷

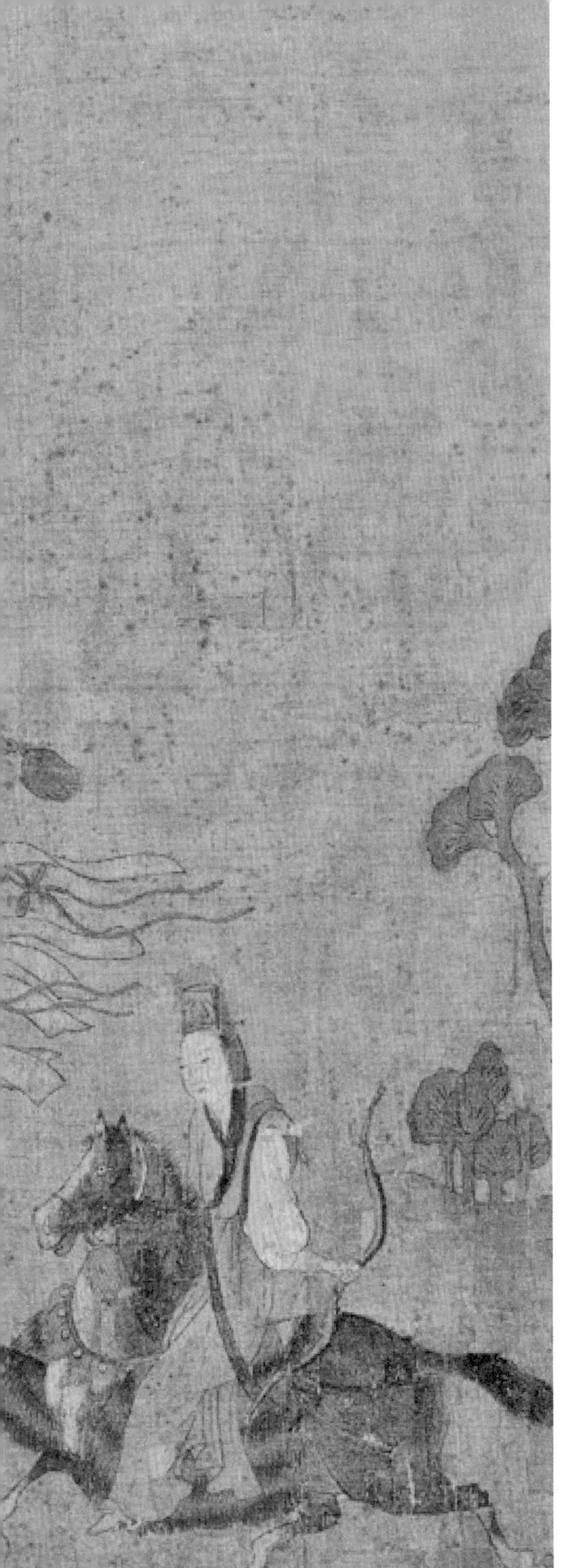

捌

小满

回望水边的千年之恋

——顾恺之《洛神赋图》

小满，江河渐满。《月令七十二候集解》说："四月中，小满者，物至于此小得盈满。"在北方，麦类籽粒开始饱满。

公元222年4月，三十一岁的曹植被封为鄄城王，邑二千五百户。受封之后，即从京都洛阳出发，向东回归封地鄄城。一路上，背着伊阙，越过轘辕，途经通谷，登上景山。不觉间，日头已经西下，车困了，马也乏了。于是就在长满杜蘅草的岸边卸了车，在生着芝草的地里喂马。曹植自己则漫步于阳林，纵目眺望水波浩渺的洛川，不觉间精神恍惚，思绪飘散。一抬头，只见一个绝妙佳人，立于山岩之旁。曹植不相信自己的眼睛，拉着身边的车夫说："那是什么人，竟如此艳丽！"……

这一幕，令曹植印象太深刻了。他对着车夫描述那个美丽女子的段落，很像是自言自语的回味，至今读来，唇齿含香——"其形也，翩若惊鸿，婉若游龙。荣曜秋菊，华茂春松。仿佛兮若轻云之蔽月，飘飖兮若流风之回雪……"

这便是洛神出场了。洛神是传说中的伏羲之女，溺于洛水为神，世人称作宓妃。接着，曹植的爱慕、洛神的犹豫、众神的威慑……缠绵悱恻。遗憾的是，这段人神之恋，最终以失败告终。但，这正是悲剧之美。

《洛神赋》最动人的，是作者曹植的思绪，像《诗经》中"窈窕淑女，君子好逑"那般的直抒胸臆，热烈且执着，丝毫没有忸怩作态。然后，是曹植的语言美，曹植要倾尽语言之华丽，因为他的情感饱满真挚，完全是思念一个人到了极致的灵感喷发。而喷发的过程，又谨慎地含蓄着，给人无限的想象空间。

传说，真实的版本是，曹植少时曾与上蔡（今河南汝阳）县令甄逸的女儿相互爱慕，后来，命运作弄人，甄逸的女儿被嫁给其兄曹丕为后。甄后在生了明帝曹睿后，遭谗致死。曹植痛心不已，在获得甄后遗枕后产生种种感应，根据梦中情境，写出《感甄赋》以寄托自己的相思，明帝曹睿碍于面子，将其改为《洛神赋》传世。当然，这种说法至今存在争议。

不论是否真实，曹植充沛的情感，无疑是有原型的。正是某种现实中不得已的原因，造成了曲折、回旋的表达，成就了《洛神赋》的美学高度。

1800多年前，东晋画家顾恺之被曹植《洛神赋》所感动，夜不能寐。顾恺之反复品味着作品中的意境，种种画面呼之欲出，久久不消散。曹植和洛神的爱情，虽然没有过多的语言和曲折的情节，但那种哀婉的气息，像是清晨水面上的薄雾，神秘，令人着迷，欲罢不能。作为开创中国人物画的鼻祖，顾恺之情不由衷，用他的春蚕吐丝式的笔法，将《洛神赋》画出来，也将自己感动的情感丝丝缕缕倾吐出来。一经完成，观者无不震惊。从技术上看，纷繁绚丽，巧夺天工。从意境上看，鲜活地诉说凄婉的爱情之美。

遗憾，现今已看不到顾恺之的《洛神赋》原作，只能欣赏到宋代摹本。

仿佛，最好的诗，有画面感。最好的画，有诗意。画卷从右端开始，第一段描绘了黄昏，曹植率领众随从经过洛水之滨时停驻休息。平静的水面上，风姿绰约的洛神衣带飘逸、动态从容，凌波而来，含情脉脉。柳岸边，曹植身体微微前倾，目光灼灼地注视着前方水面上美丽的洛神。

曹植惊喜，解玉佩相赠，二人情意缠绵。

洛神与诸神嬉戏，风神收风、河神抚平水波、水神鸣鼓、女娲起舞，洛神在空中、山间、水中若隐若现，舒袖歌舞，一派欢愉。

第二幕，含恨别离。六龙驾驶着云车，洛神乘云车向远方驶去，鲸航从水底涌起围绕着车的左右。岸边，曹植在众随从的扶持下，目送着洛神渐渐远去，眼神中倾诉着无尽的悲伤与无奈。洛神不停地回头望着岸上的曹植，眼神中流露出不舍与依恋。随着二者距离越来越远，衬托出曹植与洛神心中无奈分别的苦痛，使画面中无法相守的悲伤气氛更加浓烈。

第三幕，就驾启程。洛神离去后，曹植对她念念不忘。曹植乘轻舟溯流而上追赶云车，希望再次见到洛神的倩影。但是无奈人神相隔，早已寻觅不到洛神的踪影。思念与悲伤之情不能自已，以至于彻夜难眠，在洛水边等待到天明，流连忘返。直到随从们驱车上路，曹植仍然不断回头张望，最后怀着不舍和无奈的心情，踏上返回封地的归途。

顾恺之笔法如春蚕吐丝，轻盈流畅，被后世称为“铁线描”。唐代张彦远对顾恺之的画评价为：“紧劲联绵，循环超忽，调格逸易，风趋雷疾，意存笔先，画尽意在，所以全神也。”

顾恺之名不虚传，谢安称赞他的画“苍生以来未之有也”，等于说是有人类以来，画得最好的。这评价，登峰造极。

顾恺之的专长是以形写神。人像、佛像、禽鸟、山水，他无所不能。除《洛神赋图》之外，《女史箴图》《列女仁智图》《斫琴图》等作品，是后世公认的稀世珍品。

顾恺之画人十分传神。有一次，他为西晋名士裴楷画像，裴楷英俊、潇洒而有学问，顾恺之在画他的脸颊时，一时兴起，加了三根毫毛，本来是很怪异的举动，但瞬间画出了裴楷的性格气质，堪称神来之笔。

顾恺之是个相当自信的人。他曾作文《筝赋》，自己觉得很满意，夸口说，能和嵇康的《琴赋》不相上下，甚至，懂得鉴赏的人一定会认为，此文比《琴赋》还要精彩许多。自我感觉十分良好。

《洛神赋图》中，顾恺之大显身手，根据原作内容展开艺术联想，塑造出嬉戏的众神仙，以及鹿角马面、蛇颈羊身的海龙、豹头模样的飞鱼、六龙驾驶的云车等形象。此外，还有许多面貌狰狞，形状怪异的动物，比如海龙，长着长长的鹿角，马形脸，蛇的颈项和一副羚羊般的身体。还有文鱼，有着豹子的头，身子完全是鱼的样子，又长着翅膀，从水中腾空跃出，张着血盆大口，双目圆睁，样子恐怖，与洛神的清秀美丽形成了鲜明对比。

顾恺之巧妙地利用了山石、林木、河水等背景，将画面分隔成不同情节，人物随着赋中寓意的铺陈重复出现，时间与空间合一，画面有节奏，又首尾呼应，和谐统一。顾恺之成功地将不同地点和时间发生的故事放置在同一幅画中。洛神初现、神人悟对、信物盟誓、洛水倦息、再陷惆怅、驾舟追赶、心灰意冷、走马上任，八段故事内容一气贯通，连绵又节奏分明。

仿佛，《洛神赋》是时间长河中流淌的长卷。后世书画家跃跃欲试，纷纷在这幅长卷中留下自己的笔墨。宋代赵构有草书书法长卷《洛神赋》绢本，出规入矩，运笔沉着浑厚，飞动流畅，虽然是草书，

晋　顾恺之　洛神赋图卷（画心）绢本　局部

但字字独立，别有风神。元代赵孟頫行书《洛神赋》中，寄托、凝结了他的审美理想，中和之美充斥全篇，后人评价“体势逸发，真如见矫若游龙之入于烟雾中也”。又有小楷《洛神赋》，中正平和。明代文徵明有小楷《洛神赋》，祝允明也是《洛神赋》的狂热爱好者，有狂草、行书、小楷三种版本传世。或许，“翩若惊鸿，婉若游龙”正是书法家们孜孜以求的字形境界。似连未连，似断未断，洛神“进止难期，若往若还。转眄流精，光润玉颜。含辞未吐，气若幽兰”的气质，也似书法线条，含蓄而内美。

有意思的是，《洛神赋》的作者曹植，与绘画也有着甚深的渊源。曹植著有《画赞序》，这是中国画论史上流传下来的第一篇专题论画的文章，可以同汉代的《毛诗序》相提并论。《画赞序》主张绘画在教化方面的功用。典型的儒家思想。“观画者，见三皇五帝，莫不仰戴；见三季暴主，莫不悲惋；见篡臣贼嗣，莫不切齿；见高节妙士，莫不忘食；见忠节死难，莫不抗首；见放臣斥子，莫不叹息；见淫夫妒妇，莫不侧目；见令妃顺后，莫不嘉贵。是知存乎鉴戒者，图画也。”这观点现在看来有些无聊，与书写《洛神赋》那个多情的曹植判若两人。但，时代毕竟不同，不可同日而语。

小满时节，是我最喜欢的时令。春天，大部分日子，是在春寒中度过。而春夏之交的时候，冷热正好。尤其静谧的夜晚，收拾起纷繁的思绪，凝神一处，写字临帖，临的正是赵孟頫的《洛神赋》。越写，心思越澄澈，感觉周围的一切都是美的，像洛神那样美。

洛神，中国的美神。

晋　顾恺之　洛神赋图卷（局部）

玖

芒种

青春绵延成绿

——王希孟《千里江山图》

芒种前后，江南迎来一桩雅事——煮梅。三国时，青梅煮酒论英雄。等到梅子成熟的季节，用糖与梅子同煮，或用糖与晒干的青梅混拌均匀，浸出梅汁。再或者，用盐与晒干的青梅混拌均匀，做成盐渍梅。微微的涩，可以消暑。

北方，正迎来小麦的丰收。遗憾，我不曾参与劳作。眼下，我想的，是另一桩雅事。

阳光不那么炽烈。午睡过后的下午，偶然翻开陈师曾写的《中国绘画史》，从里面脱落了一个夹层，展开来看，是赠阅的《千里江山图》。虽然只是平常的铜版纸印刷品，却给我带来了新鲜的体验。从右向左，我慢慢展开，细细地观赏这一片青绿的江山，竟发现它蕴含无比的奇妙。在那个长条折页上，我游走了整整一个下午。那是第一次，我对一幅山水长卷产生了居于其间的深切向往。我感激着王希孟和他创造的那一片青绿山水。

这个时节，特别适合游览一座山。这不是普通的游览，应该说是行走。不倦地行走，一千里，一万里，走向时光深处。走进《千里江山图》，一个人轻装上阵，与一座座连绵的山峰接近。

此刻，我想准确地描述这种贴近山水长卷的心路历程，发现相当困难。在我眼前摆放着的这幅《千里江山图》，它的魅力，是让我随时想穿上宽松的衣裤和轻盈的鞋子，开始在山水间行走。山，不陡峭，间杂着葱郁的树，偶尔传来窸窸窣窣的虫鸣。没多久，是一条小溪，上面有灵巧的桥，再不远处，四五间房舍散落。过桥之后，是低矮平缓的山坡，不远处相对高耸的一座山峰背后，居然隐蔽着几间高大的楼宇，像是皇帝的行宫，抑或是供贵族游玩居住的花园。前方有亭。

亭，是歇脚的地方，是人生劳顿可以休憩的驿站。再往前，是一片苍茫湿润的草地，间杂着各种姿态袅娜的树木。林木背后，是一片朗阔的水面，江河连着山川，清风徐来，极目远眺，豁然开朗。走了一大段的路，在浩渺的水边，可以反省一下自己的人生，在际遇处境逼仄的时候，或许可以借用着一条船，获得极大的自由驰骋的空间。这是水带给人的智慧启示。

借助船行走的速度显然比步行要顺畅得多，像生出翅膀在天空飞翔，“倏”地到达对岸。平坦之后迎来险峻，需要花些力气，让自己微微出汗，攀爬上一座山峰，又一座山峰，意外的是，在两山之间的高处，有隐者居于其中。似乎是一家人，像极了隐居炼丹的葛洪一家，他们享有居高临下的视野，怡然自得，欣赏山间风景。再往前，地势陡然升高，一鼓作气抵达顶峰之后，收获了犒赏——瀑布连接着山泉，清澈的凉，叮咚的脆响……忍不住用手掬一捧泉水，又甜又凉。

一幅长卷，在那个美妙的下午，教会了我在时间里行走。比如说，下午两点的时候，我还在这一座山的山峰上，而傍晚的时候，我在另外一座山的山脚下，正准备到前面的村舍借宿。在时间里阅读一座山，才能读到山的本质。日久见人心。阅读一个人，阅读一座山，都需要花费一些时间。

没有什么终究要到达的地方，就这样往前走，用一辈子一直走下去。如同此刻，向往着《千里江山图》，我双手在键盘上可以同步地一直写下去，享受着倾诉的当下。这样的写作，快乐且富有美感，像是长卷的形式之美。

回到画作中，那个叫王希孟的少年，不知道在创作这幅画的时候，

北宋　王希孟　千里江山图卷（局部）

是否有着跟我一样的体验。他用青绿山水的表现形式，在纸上编织一重又一重的梦境。彼时，梦幻的气息，笼罩整个宫廷。

最懂得赏画的宋徽宗，见到这幅画时的神情，是享受的、欣喜的。他的所思所想，跟我们略有不同。半年前，王希孟的技艺还不甚高明，但经过宋徽宗的悉心培养调教，竟可以进步如此飞速。到底是青春勃发啊，希孟的胸中竟有那么悠远的丘壑，以至于展示在绢上，长达十二米。像是对命运的深谋远虑，还有，未来尽在掌握的野心。

致广大，尽精微。青年希孟不仅有大格局，并且创作态度极为严谨，渔村野市、水榭亭台、茅庵草舍、水磨长桥，不无工细。水村野市、渔人捕鱼等生活场景历历在目。

对于十七八岁的王希孟而言，他还不曾有丰富的游历经验，在汴京当学徒和供职宫廷之后，也不具备到处游历的条件。在宋徽宗指授下，希孟遍学宋徽宗宫廷中顶尖级的绘画藏品。十八岁，正是吸收新鲜创意最好的年龄，像一张生猛的白纸，饥渴地吸收着笔墨的营养。师古，是他提升的主要途径。

青绿，初夏时节最为浓郁的绿色，浓得化不开，转为孔雀颈部的蓝。蓝得耀眼，又近乎沉在海底两万里的宝石。只有稀少的数量得以开采。

青绿，是宫廷富贵的色彩。中国山水画，先有设色，后有水墨。设色画中先有重色，后来才有淡彩。两宋之交前后，形成金碧山水、大青绿山水、小青绿山水三个门类，金碧山水金碧辉煌，大青绿山水灿烂明艳，小青绿山水温蕴俊秀。《千里江山图》的大青绿，绚烂得耀眼。

《千里江山图》中石青、石绿是主色调，山头和山体使用这两种颜色；赭石、墨色位居其次，用来皴染山脚和阴面。石青、石绿纯度很高。优质的青绿颜料是唐代李思训、李昭道创立青绿山水画样式的物质基础。唐代张彦远《历代名画记·论画体工用榻写》就提到优质青绿颜料的产地，如“越巂之空青，蔚之曾青，武昌之扁青上品石绿”，并称“古画不用头绿大青”，头绿、大青为粗绿、粗青，而是要经过提炼“取其精华，接而用之”。

《千里江山图》中石青石绿的颜色历经九百多年仍然鲜丽如新而不褪色，亮丽清雅，不俗艳。宫廷强大的经济支撑是其基础。

重视精工细腻的笔法，职业绘画的精神，都是《千里江山图》的特色。《千里江山图》体现了对唐人古意的追求，以及融合水墨皴染和士人趣味的努力。这才是宋徽宗的审美。宋徽宗重视培养擅长青绿山水的学生和宫廷画家，他崇尚古意，古意中，有典雅，有深厚的意蕴。宋徽宗并非不懂文人画，而是，他更重视职业精神。那些潦草不重形似的文人画，只是不入流的涂抹。顶级的画家，是像王希孟这样，能创作出具有古意的青绿山水长卷。

宋徽宗认真欣赏着长卷，被其中春夏之交的浓绿所沉醉。一面感慨其可居可游的山水意境，另一面，想到自己作为这神圣沃土的最高统领，拥有至尊无上的地位，畅怀不已。

从南宋回到当下，恍兮忽兮。我觉察，梦境的色彩，还是来源于那抹青绿。那是现实中不曾见到的山的颜色。冬季，北方的山，多是赭石色。而江南，即使盛夏的翠绿，也不似这般炫目。后来，我想到，这是宋徽宗对于仙山的念想。作为虔诚的道教徒，他似乎对海外仙山

北宋　王希孟　千里江山图卷（局部）

念兹在兹。那些令人羡慕的仙人，居住在最舒适美好的环境里，一点烦忧都没有，福寿绵长。

沉睡在历史长河中的青年王希孟，似乎是一个谜。除了蔡京的题跋之外，见不到相关记载。但他胸中的丘壑，真实地存在。此即创作的魅力。青山不负希孟。

《千里江山图》之后，再也没有那样纯粹和震撼的青绿，画家们谦卑、小心谨慎，即使有青绿山水作品，也大多是小青绿、小清新。那场奢华的视觉盛宴，似乎是宋徽宗为自己的宋朝美学打造的巅峰体验。

回到岁月的实景中，我们试着贴近一片山水，极目远眺，远山连绵。再认真地审视着其中的细节，树木，山石，劳作的渔樵，心里感到无比熨帖。这是传统中国的符号，一种在血液里流淌了千生万世的气息。看到《千里江山图》的那一刻，某种情绪在复活，涌动，喷薄，进而舒展自己麻木已久的心灵。那种符号，可以演变成舞蹈、书法、古琴、太极，无论怎样变，都是儒释道融合千年的大地上生长出的草木。

目光离开《千里江山图》之后，推开门，走近园林、山丘、沟壑、川流，触目所见，满是中国式美好。

北宋　王希孟　千里江山图卷（局部）

北宋　王希孟　千里江山图卷（局部）

北宋　王希孟　千里江山图卷（局部）

拾

夏至

倘若山雨骤来

——戴进《风雨归舟图》

俗语说，冬至一场风，夏至一场暴。夏至时节，常有大雨。有一次，行走路上，毫无预兆地，大雨突至。周围竟无一个可躲的地方，索性任雨水倾盆。不知当时我在暴雨中行走是怎样狼狈的样子，只感觉脚下蹚着水，步履艰难。身上像有千斤重。眼睛几乎睁不开。因为那次淋雨，我记住了那个夏天。

中国画，少有风雨。不同于西方绘画的写实，擅长将矛盾最激烈的瞬间拿来做文章。中国艺术多是含蓄的，似乎躲避着现实中的痛苦，只呈现“祥瑞”的一面。正因如此，观看这一类画作，反而觉得新鲜。

戴进的《风雨归舟图》中，暴风雨横扫，山川、树木、舟楫，路人艰难行走。就是这样一个瞬间的呈现，没有文人画关于出世和入世的矛盾表达，也没有人生境遇的影射，只是纯粹的描绘而已。戴进技艺高超，将风雨交加、狂风裹挟暴雨那一瞬间的“势”，准确表现出来。在暴雨中走过的人都知道，风雨是一重一重而来，并不是均匀的。戴进正是画出那种蛮横的感觉，那是写实的、直觉的、热烈的风雨神韵。

将画面放大，桥上行人的蓑衣，被风吹的态势形象极了。画面近处的岩石和归舟，一静一动，对比鲜明，静中有动，突出了风雨归舟的主题。横跨两岸的溪桥，使得左轻右重的景物连成整体。溪桥上冒雨赶路的农夫露出匆忙急切的神态。中景处，芦苇被风狠狠掠过，狂猛劲厉。

再放大，位于画面右下角那条小舟上，撑船人的蓑衣被风吹得几乎与江面平行，而他的身体努力地保持着平衡。乘船的那一对父子，使劲用雨伞挡住风雨，儿子禁不住蜷缩起来。最动人的，江边的树，像是枯墨，皴擦几笔，表现在风中凌乱的动态。

关于画家戴进，我曾深入了解，并以小说笔法还原其绘画履历——

明朝工匠戴进在偶然看到那一幕的时候惊呆了。刹那间，愤怒的情绪、绝望的情绪，夹杂着悔恨、不解、委屈，扭结在一起，像夏日的狂风骤雨般径直朝头顶砸来，进而觉得脚跟不稳。之所以会有这样地动山摇的反应，源于对一项技艺的痴迷。

作为银匠，戴进的手艺是远近闻名的。人物、虫鱼、花鸟钗钏，工细巧致，形态殊特。作为著名画师戴景祥的儿子，戴进天生具有极强的造型能力。据明代《金陵琐事》记：永乐初年，大约是在戴进十七岁，随父亲进京城南京，在城门口，正四处张望的时候，行李不小心被一脚夫挑走，不知去向。戴进据自己瞬间捕捉到的印象，找来纸笔，画出脚夫的长相，一下子被众人认出来，循着找到了脚夫家里。

因为上好的造型功底，成为银匠的戴进，特别擅长取材，他把各种形象拿来为自己所用，不囿于前人经验。天上的鸟、地上的兽、河池里的鱼虾，目之所及，他皆能化为首饰上新颖精巧的图样。别致再别致，纤细再纤细，唯有设计出新奇的图样，才能施展他的满腹才华。

每打造一件首饰，戴进的构思心血、情绪乃至于情感的寄托，同手里的金器和银器，随着高温的火，被融化、被锻造，继而迎来新生。金花银花，无不是他自己的心花怒放。他锻造的牡丹钗可以引来蝴蝶驻留。那些精美的首饰，装饰贵族、美人的发髻、颈腕，为他们引来鹤立鸡群的效果。这些美好绝伦的作品，将被作为传家宝，承载着凝重的托付，代代相传。后人因此记得这个伟大匠人的名字——戴进。

他庆幸自己的光阴没有虚度。

而在那个瞬间，在那个目眩的瞬间，银匠戴进，原本根深蒂固的人生观、价值观土崩瓦解了。那些最令他沾沾自喜、引以为荣的金首饰、银首饰，也随着那一瞬间情绪的混沌，在脑海的熔炉里，化为一滩滩黄的、白的水，付之东流。余下一场空。

那一刻，他看到一个回收金器的店里，正在熔金。所熔化的金器，正是他最中意的作品。他捶胸顿足，先是埋怨那个狠心的熔金者，“烁吾所造，亡所爱”，进而痛定思痛，回顾自己一路的匠人履历，“吾瘁吾心力为此，岂徒得精意，将托儿不朽吾名耳”。他幽怨地说，自己鞠躬尽瘁，将青史留名的期望都托付在一件件金银首饰上，谁知竟然落得如此下场。经受了重大刺激之后，戴进坦言，自己的初心并不是做出美好的首饰，而是借此获得不朽的声名。

这时候，有人来劝慰——金银首饰，那都是些俗人和妇人喜欢的东西。这些肤浅的人，哪里配做你的知音呢？如果转行画画，你一定可以流芳百世。

回首历史，熔金的一刻正迎来命运的转捩点，著名工匠戴进转身成为浙派绘画创始人戴进。

匠人绘画，多有绝技。戴进转行绘画的时候，将他酝酿多年的匠人意气，一并带到笔墨中。

人物画，他的《钟馗夜游图》极为传神。记得在后来的《钟馗》戏里，钟馗嫁完妹妹之后，赴终南山上任夜行一段，唱、念、作，都异常精彩。有唱词说得特别热闹：“摆列着破伞孤灯，对着那平安吉庆，光灿烂吐寒星。一行行大鬼狰狰，一队队小鬼狞狞……”《钟馗夜

明　戴进　三顾草庐图

游图》描绘的正类似这一情节。钟馗的夸张神态，众小鬼的身型、样貌、心怀鬼胎的表情，上演着人间善恶的经典戏码。浮夸的线条，复杂的人物神态，戴进完全凭借想象完成。他尽匠人所能，画出“如戏”之感。

戴进画松也好。《三顾草庐图》《关山行旅图》《春游晚归图》《长松五鹿图》里，都有极为健硕的松。繁茂苍润，寻不到笔路。

古人品评一幅画的优劣，常用能品、妙品、神品、逸品来分类。匠人作品常被归为能品。然而，匠心是一味药，配方是技艺加诚心，佐以苦熬的光阴为药引，用来医治傲慢和虚浮。戴进是个老老实实画画的人，他让绘画回归绘画本身。

关于戴进的命运，传说他曾正式入过朝廷设置的画院，因业务水平超群而遭人排挤。明嘉靖时的《中麓画品》记载：戴进的《秋江独钓图》，画了一个穿红袍的人，在江边垂钓。画画唯红色最难把握，而戴进独得古法。心怀嫉妒的画师在明宣宗身旁敲边鼓：“画虽好，但恨鄙野。”宣宗进一步询问其理由，说：“图中的渔翁穿红袍，分明是讥讽朝廷大臣不务政事嘛！”宣宗勃然大怒。

戴进的后半生坎坷，都是因为小人进谗。

据说戴进最后一次遭谗，是宣宗召画院的谢环品评《四季图》，刚打开《春》《夏》，谢说：“非臣所及。”轮到《秋景》，谢忌妒心生起，沉默不语了。宣宗问他原因，回答说：“屈原当年遇昏主投江，戴进今画渔父，有不逊之意。”宣宗没言语。再展《冬景》，谢又添油加醋：“七贤过关，是乱世啊！”皇帝勃然大怒，说：“可斩！”

当时，戴进和他的徒弟夏芷正在庆寿寺僧房喝酒。闻风后，夏芷

南宋　李迪　风雨牧归图

把僧人灌醉，偷了度牒，剃光戴进的头发，把他假扮成僧人半夜仓皇逃跑，隐居到偏僻的小寺庙去了。后来，为逃避搜寻，戴进一度隐姓埋名辗转漂泊到云南去。又传说，戴进晚年拿着自己画的门神四处兜售，以度余生。

郎瑛在《戴进传》中云："戴奔走南北，动由万里，潜形提笔，经几春秋无利禄以系之也。生死醉梦于绘事，故学精而业着，业着而名远，似可与天地相始终矣。"

想来这戴进，当银匠遭到了心灵重创，却也靠着精湛的手艺，圆了他名垂青史的梦——可与天地相始终，匠人气韵绵延至今。

回到夏至的主题，南宋画家李迪的代表作《风雨归牧图》令人印象深刻，风雨刚来的一刹那，大柳树被风吹得站立不稳，两个骑水牛的牧童，急急忙忙往家赶。前面牧童匍匐在牛背，用手扯住牧笠，挡住急风骤雨；后面牧童的帽子已被风吹落在地。情境太逼真了，仿佛闻得见空气里的泥土和雨混合的气味。

李迪擅长写生，笔下多有佳作。李迪要表现什么呢？他准确地抓住了这“生动”的瞬间，最令我动容的，牧童在牛背上行动自如，有顽皮的童趣。前方水牛向后张望的眼神，慈悲极了，像是关切。农耕生活和童年记忆的美好一齐涌来。

归舟，牧归，归，一个多么温暖的字眼。在风雨中急着赶回家的人，被画家记录在册。抵达的那一刻，即有身心的安宁。

现代画家中，傅抱石尤爱画风雨，有《风雨客至图》《巴山夜雨》《万竿烟雨》《潇潇暮雨》《大雨落幽燕》等多幅作品。他用独特的抱石皴，倾泻出江天突变的气势。他爱喝酒，所以读这些风雨图，总觉

明　戴进　风雨归舟图

得迷迷蒙蒙有醉意。傅抱石生长于重庆，山城雨夜，曾给他不少创作灵感。我最爱的，是傅抱石作品中那种乱而有序的魅力。风雨图尤甚。只是，不同于戴进的《风雨归舟图》和李迪的《风雨归牧图》，傅抱石的风雨图，意在山水。他不想令读画人身临其境，而是展示笔墨的巨大魔力。

现实中，盛夏风雨，成就经典艺术图式，如《风雨归舟图》和《风雨归牧图》。画家竭力贴近真实，却丝毫不令人恐惧。而傅抱石，用性情的真，成就绘画的假。二者路径不同，却都通往至高的美。

明 戴进 风雨归舟图

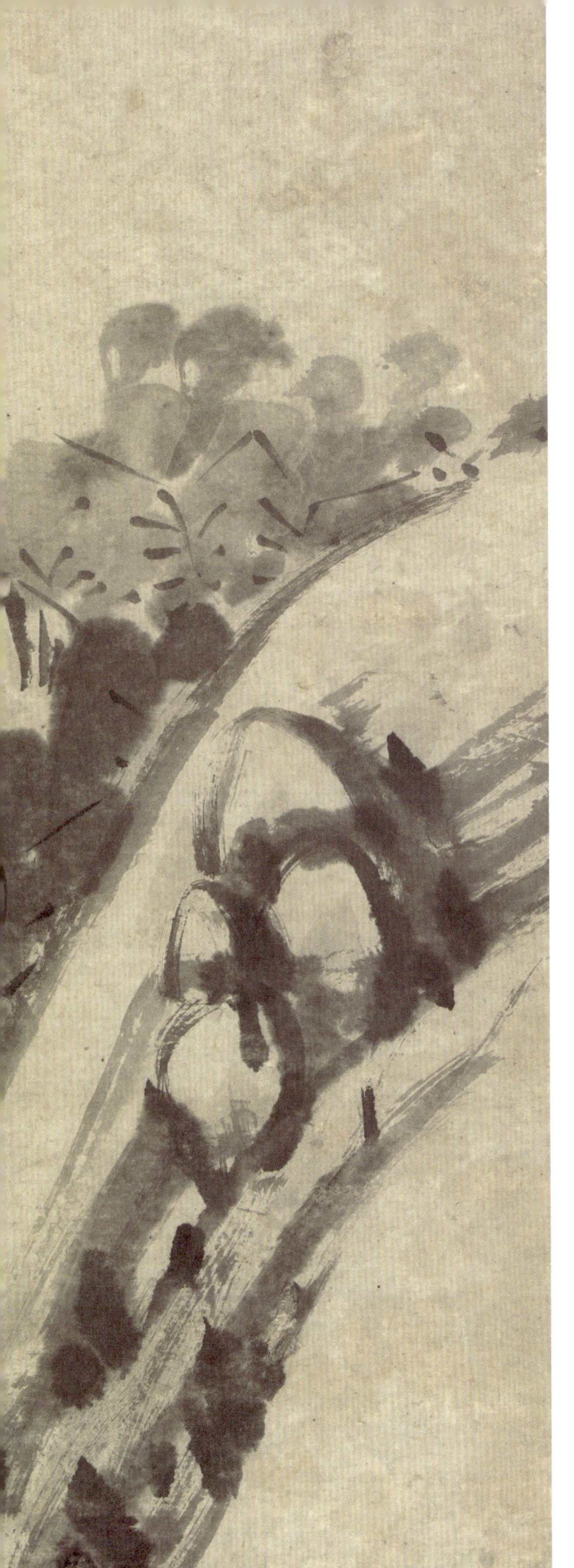

拾壹

小暑

擎举一朵盛世莲花

——八大山人《墨荷图》

天气真热，好看的花真多！楼下一树珍珠梅，开白花，远看不起眼，走过去捧在掌心，纯白的花蕾像珍珠，是天然的珍珠发卡，只等待妙龄少女的秀发，玲珑雅致极了。向日葵，也在这时节开。找一片向日葵花田，只能到野外。这时节，还有从《诗经》里走出来的荇菜，“参差荇菜，左右流之。窈窕淑女，寤寐求之”，也在水上开出袅袅婷婷的黄花。

然而，不消说的，这时节的王冠，是荷。有人说，荷花开了有荷香，遗憾，我从来没有闻见。荷花，是视觉的，是用来观赏的，是用来入画的，也是用来礼赞的。

八大山人朱耷笔下，有多幅墨荷。他的故居——南昌的青云谱，水池中栽种了荷花。去青云谱的时候，正值盛夏，我和鲁迅文学院的同学们冒着大雨，对这位中国绘画史上最伟大的画家顶礼膜拜。我至今认为，他创造的水墨图式，那种能量，是可以撼动宇宙的。青云谱，八大山人纪念馆院内，雨滴不停地冲刷着荷塘，砰砰作响。那么大的雨，有一枝盛开的白荷花，始终挺立着。坚韧，意味深长。

画家的视角，与一般人不同。八大山人眼中的世界，更是极特别的。我们欣赏荷花，往往俯视，尤其睡莲。居高临下地欣赏，觉得那一池莲花像一块画布，有节奏地平铺于水面。而八大山人，他笔下荷花是仰视的。像是钻进了荷塘深处，将那一片片荷叶擎举在头顶上，杆子那么修长。八大山人的墨荷，有很多样貌，绝不重复。有的密不透风，有的疏朗，有大片留白。总之，八大画荷，信手拈来。甩开一笔墨色，就是一片荷叶。浓墨淡墨相间，称得上玄妙。再来几笔勾勒，便是出尘的荷。

八大山人的荷花，不是纯粹审美意义上的，而是哲思的。八大山人的很多作品，有着中国式抽象。中国式抽象，是吸收了儒释道营养之后的表达，明显区别于毕加索式抽象。他计白当黑，用墨色让宇宙重返混沌的状态。像是庄子的理论。我们经过精细计算筹划的世界，已经索然无味，充满着愚昧腐朽的气息，只有宇宙初始的状态，才是自然而然，才是与天地大美息息相关。所谓大道至简，大音希声。八大山人又擅长禅法，他将一只翠鸟，安放于一支荷叶的尖端。他抓住了生命中千钧一发的瞬间，让人屏住呼吸，思考人生之终极意义。禅，是减法。八大山人擅长做减法。大片留白里，是无尽的况味。

八大山人的墨荷图，有很多玄机，讲述了近乎神秘的故事。比如，代表作《荷石四屏》中，荷叶下端，有水鸟立于危石。形态各异，翘首仰望者，像是在向上追问着什么；低头不语者，应该是对人间的一切感到蔑视；半睡半醒者，像大智若愚的老僧；默默发呆者，仿佛思绪已经进入另一个时空。水鸟们的心思，一个也猜不透。

更有荷塘墨戏。两只鸟分别站在高低两块大石上，一看就知道是一家人。他们有着相通的基因、类似的性情和表情，却彼此保持冷漠。你得费心揣摩他们的情绪。他们互为存在，却各自笼罩在孤独的光晕里。像八大山人。

八大山人朱耷，内心是很孤独的。作为明王朝后裔，身份的显贵在王朝更迭的夹缝中，非但不能发挥作用，反而给他带来了危难和巨大的心理落差。朱耷生长在宗室家庭，从小受到父辈艺术陶冶，加上生性聪敏好学，八岁能作诗，十一岁能画山水画，还能悬腕写米家小楷。崇祯十七年，明朝灭亡。朱耷时年十九，紧接着父亲去世，他内

清　八大山人　河上花图卷（局部）

心极度忧郁悲愤，便假装聋哑，隐姓埋名遁迹空门，潜居山野。国恨家仇，心性敏感的朱耷痛不欲生，一边躲避着清兵的追捕，一边拿着笔墨挥洒自己心中的不平。

巨大的才华是包裹不住的。苦难与困厄，八大山人总算是有一个情绪宣泄的出口。在笔墨里，在宣纸上。那些翻着白眼的鱼，假装睡眠的鸟，便是他不能与世俗和解的例证。

但八大山人笔下的荷花，有别样的风貌。在墨荷图中，他不是宣泄悲愤，而是在表达一种更高尚的情怀。朱耷很小就表现出了对荷的喜爱，在陈鼎的《八大山人传》记中写，他“尝写菡萏一枝，半开池中，败叶离披，横斜水面，生意勃然。张堂中，如清风徐来，香气常满室”。他一生绘制了大量荷花作品，有《莲房小鸟》《墨荷图》《野荷花》《荷花浮鸭》《荷花水鸟图》《荷花四屏》《荷塘戏禽图》《河上花图卷》等。荷，一直是他笔下吟咏的物象。似乎，盛世莲花，让他的情绪平复了，带他进入一种没有是非对错、二元对立的形而上的世界。那个世界，纯净，高洁，永恒。

康熙三十六年（1697年），七十二岁的八大山人隐居在江南的河岸边，坐看荷花的荣枯，生出无尽的感悟，历时近四个月，完成了约十三米的长卷《河上花图卷》。

长卷从生机勃发的荷花开始，陡壁山崖、枯木乱石，孤兰衰草、竹叶夹生，最后以高涧瀑流结束。图后八大山人以行书自题歌行体诗《河上花歌》，描写了姿态万千的荷花，并虚构了自己与诗仙李太白的隔空对话。

画中荷花，宛如一群天界仙女在云间轻歌曼舞，轻灵梦幻。犹如

《华严经探玄记》所云："如莲华，在淤泥不染，如法界真如，在世不如世法所污。"

题诗中，虚构的李白对荷发表了高见——荷花，令人想到佛坐的青莲，远在天外。而画家作画，把荷花画得高高地撑起，好似人历经炎凉之变。两种荷花，两种遭遇：一在高远之处，超凡脱俗，永不凋零；一在眼前，荣枯变异，但适合入画。

曾经，八大山人有这样的诗："墨点无多泪点多，山河仍是旧山河。横流乱世杈椰树，留得文林细揣摹。"墨点无多泪点多，是他早期艺术的主基调。从看尽世态炎凉，上升到佛所坐的莲台，是八大山人的心路历程。或许，是他创作墨荷图的心得。晚年，他不再悲、怨，而是进入了一种超脱的境界。他常常画荷，抒发这种情怀。

盛世莲花，洗涤了八大山人的浊泪。

在绘画史上，宋画小品中，有荷花图，但远不如那些山野麻雀来得野逸清雅。后世画家，墨荷图常见，但传世佳作并不多。墨荷图到了八大山人这里，登上了巅峰，难以逾越。石涛也画荷，画荷塘，画莲蓬，图式新颖，但总有浮躁粗糙气。记得"扬州八怪"之一的高凤翰擅长用左手画墨荷，一池的荷叶，挺拔身姿，伸往不同的方向，有力量，有思想，很倔强的气质，倔强得仿佛能生出风来。吴昌硕有墨荷图，除了笔底的金石气之外，总觉得没什么新意。白石老人有荷花，但不是纯粹的墨荷。荷叶用笔天真稚拙，荷花用色极艳丽，是典型的"红花墨叶"派。再来个红色小蜻蜓，轻盈地落脚，翅膀透明的，便是最经典的齐白石风格。这些，都比不上八大山人的荷。

工笔画家比较擅长荷花。荷塘一片，各种姿态的花与茎，再以高超的敷色技巧，为粉荷“打胭脂”，很讨喜。近年的国家级美展，工笔画越来越受欢迎。文人画，由于笔墨太过简单，常常遭人诟病。但文人依然故我，我画我心。

夏天赏荷季，北京有莲花池公园，在北京西站南广场。我常去的紫竹院公园，也可以赏荷。荷花盛开的时日，莲桥附近，排满摄影爱好者。荷塘边，小朋友们手牵手，看鱼，看荷，奶声奶气地背诗——“鱼戏莲叶东，鱼戏莲叶西，鱼戏莲叶南，鱼戏莲叶北。”背几遍，长高了几许。

赏荷，紫竹院做足了文章。有开往荷塘深处的游船。我坐船穿行于荷塘深处，想找到八大山人的视角，发现并不容易。紫竹院东门进来，三岔路口处，又有菡萏亭。“菡萏”二字，不必觉得陌生。李白诗曰：“镜湖三百里，菡萏发荷花。”清末李渔也写：“迨至菡萏成花，娇姿欲滴，后先相继，自夏徂秋。”菡萏即荷，未开的荷。菡萏亭的名字有典故，出自诗经，《陈风·泽陂》中“彼泽之陂，有蒲菡萏。”菡萏，比如亭亭玉立的女子，矜持高贵。蒲，是伟岸的男子。二者互为依存。《诗经》那么美！

红尘里的荷花，是脱俗的女子。出世的荷花，是佛坐的青莲。八大山人的墨荷，应该是后一种。只不过，他用了极为特殊的方式表达。这一层，有人生阅历的读者才能理解。

清　八大山人　荷花小鸟

清　八大山人

清　八大山人　墨荷图

拾贰

大暑

世间同梦惟蒙庄

——罗聘《蕉荫午睡图》

这是中国绘画史上最“热”的一幅画。暑气正浓。芭蕉林下，金农光着膀子，着宽松白裤，坐在竹椅上，正在午休。扬州的盛夏，闷热极了。睡着的金农，神情淡然，似罗汉入定。右手的蒲扇，松散地挂着，像是随时会掉落下来。为了构图对称，芭蕉树下，与金农背靠背，有一仆人，倚树席地而坐，正在打盹。

初读这幅画，以为是金农的自画像。因为旁边有他楷书题款：“先生瞌睡，睡着何妨。长安卿相，不来此乡。绿天如幕，举体清凉。世间同梦，惟有蒙庄。”金农自言自语，自称先生。盛夏，在芭蕉树的荫凉里，睡个午觉，清清凉凉，身心全无牵挂。世间能有如此心境的，恐怕只有庄周了吧。真会享清福。

后来读相关传记得知，这幅《蕉荫午睡图》，是金农的弟子罗聘所作。关于罗聘拜师，有个故事。据说金农晚年在扬州定居之后，很擅长经营自己，手段有题匾、刻砚、作诗，还雇用了扎灯的手艺人，金农用漆书将诗文题写在灯笼上，上市卖得极好。郑板桥说，当年扬州有几个卖画人“岁入千金”，金农是其中之一。汪曾祺的小说《金冬心》，写的便是金农托袁枚卖灯的故事。“斯文走狗”一词，让我读了很不舒服。

罗聘便是在市场上看了金农的灯，被金农的才华折服，诚恳上门拜师。

罗聘绘画功底极好，人物、佛像、山水、花果、梅兰竹等无所不工，笔调奇创，超逸不群。而师父金农，用在书画上的功夫是微乎其微的，画出名堂，纯属歪打正着。他的正路，是诗赋辞章，50岁后，才发明了漆书，之后，又涉猎绘画。所以，罗聘拜师，弥补了金农的

清　罗聘　冬心先生像

画工。金农的画作，常由罗聘代笔，几乎人尽皆知。

包括眼前这幅《蕉荫午睡图》。

我一直好奇金农的长相。读了他的画和诗文，真感觉他是人间少有的奇人。在金农的自画像中，他用白描写意简单勾勒了自己的侧影——光头，长胡子，着一身长衫，持杖。像个和尚。只不过，脚上一双红鞋，显得神秘。

《蕉荫午睡图》工写结合，面部表情细致，彻底看清楚了金农的“异相”，满足了我的好奇心。他的头部那么长，几乎跟上身比例相等。光头长髯，眼睛微闭，显然一副出尘的模样。脚上，依旧穿着那双红色布鞋。据说，红鞋有寓意，是踏破红尘的意思。真有趣。再看芭蕉的画法，是罗聘的工笔法。疏朗干净，一点也不拖沓。显得空气清新通透。

这是趁金农午睡的时候，弟子罗聘有些顽皮的写生，由形入神。我想，罗聘当时一定是边画边捂着嘴笑。相当于现在的偷拍照片。金农醒来后，看了此画相当满意，说“用宋人白描法，画老夫午睡小影于蕉林间”，表示赞许。

罗聘还有一幅画，也是类似意境。画一高僧，漫步于竹林中，有鹤跟随其后。那高僧，也像是金农。金农爱鹤。在他晚年居住的西方寺，与鹤为伴，“月夜画梅鹤在侧”。罗聘在这幅画上题写七言诗：“竹里清风竹外尘，风吹不到少尘生。此间干净无多地，只许高僧领鹤行。”简练脱俗，得了金农真传。

前年到扬州，也是盛夏。我寻访罗聘故居——朱草诗林。

弥陀巷让我好找，在扬州，路人皆知的，是朱自清故居。问罗聘故居，很多当地人不知罗聘是谁。朱草诗林的位置，在盐阜路，虽然位置在老城的市中心，但进入巷子里要拐进去好远，称得上僻静。

罗聘故居之所以能保留下来，原因很多。我想，可能跟他家几口人同时画梅有关，罗聘画梅仿金农，他夫人方婉仪也画，他的两个儿子也跟着画，而且画出了名堂。罗家梅派就此形成。

之所以要寻访朱草诗林，是想追溯罗聘与其夫人的爱情故事。罗聘的夫人方婉仪貌美贤淑，才华横溢。传说她过生日，金农、郑板桥都为她题诗。她和罗聘相当恩爱，擅长画梅，印章是“两峰之妻”，不署自己的名号，可见对罗聘的爱慕程度。

罗聘有名作《梅花图卷》，是一米多的长卷，与方婉仪合作。题款中描写了二人耳鬓厮磨、笔墨相加，连作画三天的情景，深情厚意跃然纸上。传说，这幅长卷本来没有上色，清晨起来，方婉仪见到庭院里开放粉色的牵牛花，心血来潮，将牵牛花的花汁染在《梅花图卷》的花瓣上，效果奇好。罗聘起床后，只感觉繁花漫卷，那种惊喜和心心相印的笃厚深情，无以言表。

天妒红颜，方婉仪陪了罗聘二十几个春秋，最终撒手人寰。妻亡后，罗聘无限怀念，自号“依云和尚”，表达无限追思。并再未续弦。

又传说罗聘的眼珠是绿色，能见鬼见神。他想画关公，关公便提着大刀来见，所以画得栩栩如生，如在目前。罗聘的关公画挂在关帝庙，香火便旺，十分灵验。不知真假。但罗聘善画《鬼趣图》确有其事。当时正赶上蒲松龄《聊斋志异》风靡，所以罗聘的《鬼趣图》也趁机火了一把。纪晓岚说，罗聘长了一双绿眼珠，大白天能见鬼。《阅微草堂笔记》这样描述罗聘所见：凡有人处，皆有鬼。那些横死的鬼，通常害人，万万不可接近。一般的鬼，上午阳气旺盛，他们在墙根底下躲避，午后，阴气盛行，他们则四散游走，穿墙而过，遇路人则避着走……如数家珍。

聊斋里的鬼，都是美，但罗聘笔下的鬼，丑得出奇。据说罗聘有神通，所画的鬼都是亲眼所见，当然只能是丑。但罗聘以此丑陋暗喻人世间的贪官污吏，这就把画的意趣提上了一个台阶。这种情怀，千金难买。

还有一个插曲，罗聘曾给才子袁枚画像。

随园老人袁枚，交友十分广泛，罗聘便是其好友之一。某日，罗聘兴起，给袁枚画了一幅像。这幅像，据袁枚的家人说，根本不像是袁枚。且看袁枚自己，望着这幅画像，眉头直皱。罗聘在一旁仰着脸问，您还满意吗？袁枚不好意思说不满意，毕竟是好友的心血之作，又不违心地说满意。才子毕竟是才子，最后，他动用了一番心思，写了颇为拗口的大段题跋——“两峰居士为我画像，两峰以为是我也，家人以为非我也，两争不决……我亦有二我，家人目中之我，一我也，两峰画中之我，一我也。……两峰居士既以为似我矣，若藏之两峰处，势必推爱友之心，自爱其画，将与鬼趣图、冬心、龙泓两先生像共熏奉珍护于无穷，是又二我中一我之幸也。”……

袁枚的意思是，家人眼中的我，罗聘眼中的我，究竟哪一个是真实的“我”，世间哪能有定论呢！最后，怎么处理这幅画呢？袁枚又说，且将此画由两峰居士保管吧，跟《鬼趣图》一样，使朋友们都能欣赏到。众人猜测，这是袁枚并不满意画像，所以不肯亲自收藏。

袁枚的这幅画像，流传得相当广。且看画中袁枚，光头，长脸长

詩弟子廣陵羅聘近工寫真用宋人白描筆法畫老夫午睡小影
于蕉林間因製四言自爲之讚云先生瞌睡〻著何妨長安卿相不來
此鄉綠天如幕舉體清涼世間同夢惟有蒙莊庚辰長夏之上休日
七十四翁杭郡金農睡醒時記

清　罗聘　蕉荫午睡图

髯，像罗汉，右手持两枝菊花。严肃中有点戏谑，端庄中夹杂风流。写意的风格，笔墨相当自在松弛，正是罗聘眼中的随园老人形象。后来人想象袁枚样貌，大多以此像为蓝本，只是很多人不晓得作者是谁。

罗聘画鬼，很多人不理解。而袁枚作为罗聘的知己，对其《鬼趣图》大加赞赏，在画上题："见君画鬼图，方知鬼如许。得此趣者谁？其惟吾与汝。"鬼之趣，默契地意会了。两人相视而笑。

文章结尾，忍不住又回到金农。差不多也是盛夏时节吧，他画《荷塘忆旧图》，题诗："荷花开了，银塘悄悄，新凉早，碧翅蜻蜓多少？六六水窗通，扇底微风，记得那人同坐，纤手剥莲蓬。"金农怀念当年的红颜知己，却含蓄着，犹抱琵琶半遮面，只给人"纤手剥莲蓬"的局部意象。真是个多情种呀。不得不承认，心弦被他拨动了。

再有，金农画一人于荷塘中，凉亭上，解衣酣然大睡，题"风来四面卧当中"七字，言有尽，意无穷。画画的人凉快，读画的人痛快。

荷花開了銀塘悄々新涼早碧翅蜻蜓多少六六水窗通扇底微風記得那人同坐纖手剥蓮蓬
金牛湖上詩老小筆并自度一曲

清　金农　风景人物册（选页）

李諸公往往摹之予爲

拾叁

立秋

独坐幽篁里

——金农《竹图》

云天收夏色，木叶动秋声。

就在立秋之前的几天，云开始变化。为了衬托云之美，天空倾尽所有，努力湛蓝。夏时的积雨云，转身变成天高云淡的卷云。如同水墨画家们弃舍了层层积墨的皴法，以大面积的留白取而代之。路上，行人面露喜色，举目望见西山。京城最美的季节，近了。

虽然暑热还在后面虎视眈眈，但傍晚时分，秋风可期。

我家附近，有紫竹院公园。顾名思义，紫竹院盛产紫竹。紫色的竹竿，接近墨色，又叫墨竹，像是从宣纸里走出来的。立秋之后，借着缕缕秋风，走在紫竹林旁，似乎是走进郑板桥的梦里。郑板桥为了画竹子，费了很大功夫，据说成年累月地画，一连画了十多年，才开始画得自如。郑板桥观察竹子，在窗上糊一层白纸，透过去，观察窗外竹子的投影，写生。竹影婆娑，墨的浓淡同时也都有了。这一情境，我称为“郑板桥的光影游戏”。

郑板桥在潍县当县令的时候，遇上灾年，民不聊生。他彻夜不能眠，听着墙外风吹竹声——“衙斋卧听萧萧竹，疑是民间疾苦声。”情感那么真挚、那么高尚。

紫竹院也有斑竹，又叫湘妃竹。晋代张华所著《博物志》有言：“尧之儿女，舜之二妃，曰湘夫人。帝崩，二妃啼，以泪挥竹，竹尽斑。”每一个斑点，都是湘夫人的眼泪，凄婉唯美。湘妃竹也是文人钟爱，制箫、制琴，都是适宜的。经过匠人的巧手，可以发出各种美妙的声音。有文人朋友喜欢臂搁，臂搁上刻醒世的楹联，在案头，愈摩愈润，清雅养心，用的也是斑竹。

文人爱画竹。历代那么多竹子画，我最爱冬心。冬心即金农。

冬心先生是个十分有趣的人。我喜欢被他击中的感觉。他文笔极好。不知他是怎么想出来的措辞，短诗文，字字句句清新，浓淡相宜，冷不丁就“砰”的一声，落在你心上，久不消散。那种滋味很美妙，好比绵绵雨夜，山中木屋静读，响起笃笃敲门声。一推门，知己披蓑衣而立。

倘若还不能通达那种意思，且用“会心”二字概括好了。

你看，冬心先生这样写：“时雨夜过，春泥皆润。晓起，碧翁忽开霁颜。玉版师奋然露顶，自林中来，白足一双，未碍其行脚也。”

几行字，让人心里喜滋滋的。本来是个画画的，却像是要抢了作家们的饭碗。我摩拳擦掌，试着用白话文复述：

一场夜雨过后，春泥湿润。清晨，天气豁然晴朗。推门一瞧，屋外的笋，冒出了尖儿。你们是从林中来的呀，你们白嫩嫩的打着赤脚。不穿鞋，居然没耽误行脚！

好玩，但味道差了好多。

后续，冬心先生又讲了一个故事，说南朝时候有个浙江人叫沈道虔。有人到他菜园子里偷菜，他一点也不心疼。即便当场撞见，也不拆穿。但有人在他屋后挖笋，他急忙出来制止——您可别破坏我挚爱的竹林呀，菜场上有更好的笋呢。遂买来送给小偷。沈道虔研究《老子》《周易》，隐居不仕。

故事也是三言两语讲完，又在我心里生了根。琢磨了半天，觉得沈道虔这人，必定跟冬心是一路的。冬心先生机灵，水灵灵地藏着机锋。画有灵气，文字也灵。讨人喜欢，又引人深思。

他写故乡杭州的竹子：“人行其下，翠沾衣襟。”

“风约约，雨修修，翠袖半湿吹不休。竹枝竹枝湘女愁。”是他的句子。

我读的，是《冬心画竹题记》，薄薄的，在枕边三年有余。有空就捧起来，浮躁的时候难以进入，有不知所云之感。一旦静心，透过他的文字，觉得眼前这日子，真是有味道。要向冬心先生学，好好地过生活。让一切有生气。

冬心是竹痴。作为专业画家，他一边画竹，一边讲故事。庆幸，故事都在题记里传下来。偏僻的典故，画画的心情，各种思绪，看似泛泛，实则浑然竹子气。

记得有一则故事说，明代有个画家叫九龙山人，某月夜，江上隔船听吹箫，入了迷。感动之余，画了一枝竹，送给吹箫人。没成想，那是个商人，第二天就找上了门。上门做什么呢？奉送了一条名贵的织毯，并请山人为他再画一幅竹，凑成一双。山人果断将之前的竹子画讨回来，当场撕毁。这件事传为了美谈。

冬心先生接着抒情——今年四月十五，我夜泊九龙山前，缅怀山人的高蹈之风，灵感笔兴漫卷纸上。想在自己的竹子画里，写出这层意思。忍不住感慨，这世上到处有月，有箫声，商人也比比皆是，名贵的毯子更是不少，却鲜有九龙山人这样的性情中人了。

月夜泛舟，听箫，画竹，俨然风雅梦境。梦里梦外，两个性情中人。

还有。那年的五月十三，是竹醉日。杜秀才从太原来，赠冬心先生美酒一瓶。先生一面赏竹，一面把酒浇给竹子君喝。他搞得相当有仪式感。在甬道上，郑重地淋了满满三大杯。随后，又用酒兑着墨，挥竹一幅。

冬心先生自问："竹子怎么能喝酒呢？竹子喝酒会醉吗？看我画的竹子，飘逸淋漓，真像是此君已经喝得醉醺醺了。"

冬心与竹，两兄弟。

我觉得有趣，百度了一下，还真是孤陋寡闻。"竹醉日，即为栽竹之日。宋代范致明《岳阳风土记》：五月十三日谓之龙生日，可种竹，《齐民要术》所谓竹醉日也。"古人的"竹醉日"富有诗意。不知其他人是否在当天也舍得给竹子饮酒。现代人，只剩下植树节。

有趣的，还很多。

一日，冬心先生在江上养病，偶作小幅竹画。联想到，宋朝淳熙年间有个才子叫徐履，浙江省高考第一名，特别擅长画墨竹。画得传神极了，像是有风来，竹子呈笑态。传闻，他殿试的时候，在考卷结尾处，画了一枝竹，题云："画竹一竿，送与试官。"清狂可爱！

回到竹子画。冬心先生画竹，六十岁才开始。他不师法前人，而是在自己的宅子东西两侧，种了千万棵竹子，以竹为师。

竹子会教人怎么画竹子吗？一千个人心里有一千种竹子。跟着老师学，那是老师眼里的竹子。冬心的竹子画，只画冬心眼里的竹子。冬心眼里的竹子长什么样？看画便知。

冬心的竹子画，让人觉得怪。他是"扬州八怪"之首，不觉得怪，那才真怪。

冬心自己的理论是，画竹宜瘦，瘦，象征多寿。他还揶揄说，庄子曾提到有一种树，比十人合抱都粗壮。这种植物，是不屑入画的。不然朋友会嘲笑画家是个爱吃肉的家伙。

清　金农　猫竹图

冬心的竹子画，有两种。一种是墨法写出来，竹叶很浓，怯怯的，实际是拙。竹节处，瘦得快要折断了，却有力道，很疏朗，其间有清风过隙。还有一种，完全用笔法勾画，宽叶，类似书法里的双钩。竹竿也是丰腴。这分明就是胖竹子嘛！两种画风，截然不同。后者，总觉得上头落了雪。

冬心画，有绝招。他有镜头感。各种视角的竹，像拍照，俯拍、仰拍，近景、远景，图式很丰富。冬心画墙外的竹，竹叶密密的在墙头挤挤挨挨，浓墨淡墨穿插，淡处仿佛生烟。白墙一面，让人思忖着，里头住了什么人。

冬心先生五十多岁开始画画，出手即不凡。原因？他善于把玩。把玩，不是非要握个什么东西在手里摩挲，心情可以把玩，梦境也可以把玩。比如几枝竹子，他琢磨出这么多意思，玩出这么多花样，故事总也讲不完，实则玩的是一种心情。他种梅，他养鹤，“携鹤且抱梅花睡”。下笔全是文章。他还玩菖蒲，爱得死去活来，又是把人家当儿子，当孙子，又是给菖蒲过生日。玩出了新意，玩出了门道。门道，即门径，是道行。有道行的人画画，怎么画，就怎么对。

想起友人王大濛，无锡人，擅养菖蒲。精石刻，通绘画。他母亲逢人便说，我儿子大濛命不好，退休后本该享享福，却天天跟那些泥巴石头打交道，累得干瘦干瘦的，可怜得很。

大濛的母亲不知道，中国文人，玩的就是听风赏雨。扬州个园，主人为听风，造箫墙，萧墙孔连孔，风稍动，箫声起。又，文人植芭蕉于北窗，雨打芭蕉，一派闲愁。

去年到扬州，在冬心居住过的西方寺静坐，院子里仍有芭蕉，绿上了天。可惜未写“冬心先生手植”。

又想起，陆羽当年，玩的也不过就是泉水和树叶。苏东坡怀抱着江上之清风、山间之明月，最为适意。

眼下，正要入秋了，冬心先生说：“秋声中惟竹声为妙，雨声苦，落叶声愁，松声寒，野鸟声喧，溪流之声泄。”

安顿好心神，静待听竹声。

清　金农　杂画十二开

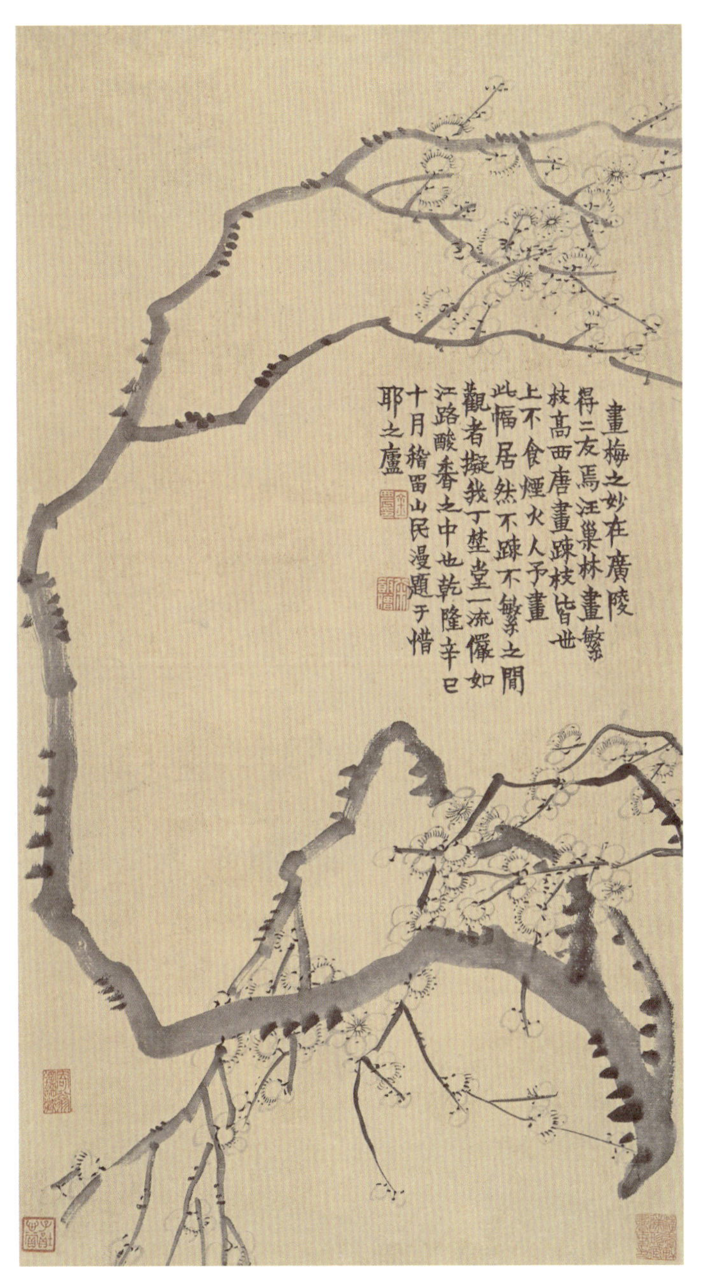
畫梅之妙在廣陵
得二友焉汪巢林畫繁
枝高西唐畫疎枝皆世
上不食煙火人予畫
此幅居然不疎不繁之間
觀者擬我丁楚堂一流儷如
江路酸香之中也乾隆辛巳
十月稽留山民漫題于惜
耶之廬

清　金农　梅花图

拾肆

处暑

槐树下，那一场安眠

——佚名《槐荫消夏图》

我对槐树有特别的好感，源于乡愁。小时候，半岛故乡槐树很多。我家门口有两棵，并不粗壮，却在五月间开出一串串洁白的花。槐花不金贵，村民们也不珍惜槐树，经常折下一大扇树枝，喂羊。羊吃槐树叶，也吃槐花。吃了槐花的羊，羊奶格外香。槐花香，深深刻在我心里。每当他乡值遇，总会涌起莫名的感动。

后来读画，发现槐荫下，常有文人墨客消夏、品茶、读书。这才知道，槐树也算是一种文人树。联想起，我的半岛故乡，是看不见大槐树的。但凡长成了才的槐树，都被伐了造船去了。渔民性子急。于是记忆里，童年的夏天，只留下一个小槐树林。树林里，奶奶为我绑了一个秋千。天气热了，树林里到处荫凉，一点阳光也不见，遮蔽得严严实实。秋千荡起来，更是有风。我荡秋千，奶奶就在树林的空地上，坐个马扎，缠梭子。美中不足的是，常有毛毛虫落在身上。

眼下正值处暑，处暑虽然在立秋之后，却还有个“秋老虎”在后面追着。感觉今年夏天并不算难过，似乎还没生起抱怨，夏天已经快过完了。大约是整日在空调房里待着，并不接触自然。出门的时候，偶尔汗流浃背，也是一路槐荫庇护着，心生感激。只可惜，此槐树非彼槐树。北京马路两边，多是国槐，开黄色小花，没有香气，不及刺槐。

那天闲来翻看画册，读到朱屺瞻先生的西瓜图，忍俊不禁。他画一个盘子，装五块西瓜，旁边还散落两块，外加一把撕边破蒲扇，是不经意的组合。西瓜红彤彤的艳丽，西瓜子儿用大墨点，黢黑黢黑的，一看就是熟透的瓜。活泼泼的，口舌生津。构图极简，用笔着墨都随意恣肆。线条生涩，拙气凛然。题款曰：“癸亥大暑，屺瞻挥汗戏写。”

眼前浮现百岁老人朱屺瞻身穿布衣马褂，在炎热的暑天，一手摇着蒲扇，一手在宣纸上潇洒地涂抹。几笔挥下来，酣畅淋漓。先生笑眯眯的，大胡子，圆圆的脸膛，有佛相。几块顽皮的西瓜，在纸上，用来消暑，成为永恒的解暑画。

一个文人，几片西瓜，一把蒲扇，极简朴。感觉这日子里，有很多空闲，心里亦有很多空间。不拥挤，便不生炎热。

凉意不断从纸上袭来。不止我一人有通感，刘海粟曾专门为之题“凉气”二字。此情不虚。我想，这清凉应该是从朱屺瞻先生心里传来的。这种凉，比空调要好，健康，营养。

读画解暑，应该算不得新鲜。类似于古人的“卧游”。宋朝宗炳最早提出“卧游”。《名画录》中说，“老疾俱至，名山恐难遍游，当澄怀观道，卧以游之”。古时不方便出远门，再加上老、病，腿脚不便，于是在家“卧游”怡情。卧游须调动丰富的想象力，当然也倚仗作者笔墨的功夫。画得好，竟比真山实水所传递的意境更佳。往往，这一层意思，又不是语言所能形容了。

如此看来，像文徵明的《水榭消夏图》和赵令穰的《湖庄消夏图》一类，层层叠叠的青绿山水，隐藏于密林深处的湖庄，便是为卧游解暑而作，目的是帮人消除炎热。脑子里冷不丁冒出一句诗——一片冰心在玉壶。

读图消夏，尝试进入画境，是一种心灵的游戏。有偈子曰，“菩萨清凉月，游于毕竟空”。游戏的时候，不当真，心里清凉。像秋天的月亮一样凉，照得浑身通透舒爽，多好！

回到槐树的话题。我所读到消夏图里最有趣的，当属宋朝无名人氏所作《槐荫消夏图》。宋人在槐荫里设了四方床榻，床头安放屏风。仔细瞧，屏风上竟绘《雪景寒林图》，凉快风雅。床边有茶桌，桌上摆清供。高士安然卧于榻上，双脚叠搭在一个小矮凳子上，舒适极了，也惬意极了。特意请教朋友，这小矮凳子被称为“两足隐几”，简称“足几”，中间有向下的弧度，专供仰卧放脚所用，多么会享受！宋人笔墨，衣服线条工整流畅，感觉很舒适。由面部神情看，高士已进入深度睡眠了。试着身临其境，竟感觉阵阵凉风自槐树梢上吹来，胸怀磊落，心无挂碍，不晓得忧愁是什么。

想起明代作家张岱的美文《庞公池》:“余设凉簟，卧舟中看月，小傒船头唱曲，醉梦相杂，声声渐远，月亦渐淡，嗒然睡去……此时胸中浩浩落落，并无芥蒂，一枕黑甜，高春始起，不晓世间何物谓之忧愁。”

这情形真叫人心生渴仰。把心上的欲望、烦恼，全抖落干净了，身在榻上，在槐荫里，灵魂做着自在悠游的梦。试问世间有几人能过上这样轻盈安逸的日子呢。想起某年夏日，在单位附近的小公园，见一位建筑工人在长椅上午休，鼾声如雷。旁边松林里的喜鹊闹喳喳的，又有小孩子嬉戏玩闹，丝毫没有影响到他。那一幕将我触动了。我在一旁驻足，有意记录那种幸福的状态。

消夏，需要一种心境。

再读《槐荫消夏图》，发现画得那样松弛。松弛一词，在绘画里，是一个特别好的形容词，是很高的褒奖。笔墨松弛，意味着进入一种纯粹无目的的审美状态，不是在刻意造型。人物表情、状态的松弛，服饰线条的松弛，一切都是那么无拘无束，那么自然熨帖。彼时，槐荫里，高士的酣睡，呈现了古往今来最幸福的瞬间！

又想起王羲之“坦腹东床”的典故。东晋时期，太尉郗鉴派门生来见王羲之的伯父王导，想在王家子弟中挑选一位女婿。门生回去后，对郗鉴说：“王家子弟个个不错，可是一听到有信使来，都显得拘谨不自然，只有一个人坐在东床上，袒腹而食，若无其事。”郗鉴说：“这正是我要选的佳婿。”一打听，原来是王羲之，郗鉴就把女儿嫁给了他。这便是“魏晋风流”一词的最佳注脚。

回到读画的主题，元朝的刘贯道也有《消夏图》，画中文人袒胸露腹，侧身躺在木榻上，床榻旁有大棵芭蕉树。文人一手持画卷，一手拿拂尘。不远处两位妻妾或者是侍女正窃窃私语。画面构思与宋人所作大致相同，却因为笔法不同，线条多凝滞、繁复。又因右侧多出两位女子，便有家眷之挂碍，信息量大，所以并不显得清凉了。再看文人面部，略有忧虑神色。不晓得为什么而伤神。

倪瓒有《凉亭消夏图》，江边野外，树下凉亭，两君子对谈。清淡寂寥。云林的画，都是平凡中有真意。极平淡，极绚烂。倪瓒的笔淡，源自其人有洁癖。他的洁癖故事早就流传太多，不在此赘述了。倪瓒的消夏图，不仅是凉意，而是冷寂了。循着凉气再往尘世之外走一程，便是冷。冷，也常常是高度所致。高冷。没有炎热，却让人生不出喜悦。

山水画，石涛的《黄山图册》凉气最浓。石涛画幅常常满，代表作《搜尽奇峰打草稿图》就因构图过满，有拥挤、滞涩的观感。而《黄山图册》系列，云气弥漫，大量留白。通常是，几座插入云里的山峰，忽明忽暗，视野开阔，奇崛玄幻。人物都是通灵的白衣高士，

宋　佚名　荷亭消夏图

宋　佚名　柳院消暑图

即将腾云驾雾，有飞升之感。想起今年初夏，我爬黄山，到达莲花峰顶的时候，有凉意自天而降。又有凉意从脚底向上涌。总之，四周的空气都是冰凉的。石涛的黄山画，便有这种凉。

书画最忌一个俗字。大约历朝历代都有荷亭消夏图、采莲消夏图之类，荷塘往往伴美人。美人扶榻，半躺半卧，手摇团扇，总觉得有无病呻吟的脂粉气，媚气。心理上并不清爽。当然，这也许是我个人的偏见了。

画出有凉气的画，须心中有凉意。心底无私天地宽，便是一种清凉。如若一门心思在画技上钻研，画松风、画瀑布、画溪流、画深涧，也并不能传递清凉意境。又想起朱屺瞻老人，经百年风雨，看尽世态炎凉，将俗与雅、有意与无意，全部抛却了。只剩下纯粹感官的冷与热，苦与甜，便生稚气、显拙意。那几片西瓜，真是越看越觉得凉快了。

好画在眼前，如同夏天傍晚送来一场及时雨，暑气尽消，一夜好眠。

宋　佚名　槐荫消夏图（局部）

拾伍

白露

苇间记

——边寿民《芦雁图》

白露时节，词中豪士辛弃疾生活得相当惬意，他在自己的带湖庄园里悠闲踱步，看着田园里成片的碧绿的菜蔬生长得旺盛饱满。近旁，碧绿透明的溪水，鱼儿欢畅。结束了短暂的戎马生涯，辛弃疾过上了隐士的生活。虽然并不情愿，但也能随遇而安。他每天的生活内容，即是清晨伴着竹林清风忙碌土地里的栽种耕锄，忙到微微出汗，便休憩。沏一盏茶，斜倚在窗前榻上读书，由于精神太过放松的缘故，有些微醺的醉，像要进入梦乡。听微凉的秋风将书页翻转起来，哗啦哗啦响，声音悦耳。时而有客来，比如好友洪迈、朱熹、陈亮、刘过，坐而论道，借着几杯酒，听风听雨。这样的生活，真让人感到满足。

没错，这真的是那个“沙场秋点兵”的辛弃疾，有词为证。

《行香子·山居客至》：“白露园蔬。碧水溪鱼。笑先生、网钓还锄。小窗高卧，风展残书。看北山移，盘谷序，辋川图。

白饭青刍。赤脚长须。客来时、酒尽重沽。听风听雨，吾爱吾庐。笑本无心，刚自瘦，此君疏。”

刚过不惑之年的辛弃疾，年富力强遭遇罢官，一变而为辛稼轩，开始了长达十几年的隐士生活。他笔下白露，流传为千古美文。

白露，本就是汉语里意象最美的节气之一。

天气渐凉，露凝草木。《月令七十二候集解》说：“水土湿气凝而为露，秋属金，金色白，白者露之色，而气始寒也。”

清晨去草间寻找露水，但见邻居的篱笆上有节奏地攀爬了绛紫色牵牛花，她们个个吸饱了水分，振奋地仰着脸，吹响青春的喇叭，仿佛在说：“天凉好个秋！”晚间，月亮也渐渐明朗了，游子们在夜里酝酿着思乡的情绪。

白露是从诗里走出来的节气。“蒹葭苍苍，白露为霜。所谓伊人，在水一方。”气氛是有些凄美的。所以，邓丽君的那首《在水一方》，将歌词改为：“绿草苍苍，白雾茫茫。有位佳人，在水一方。”可是，绿草怎能与蒹葭相比呢。

蒹葭即芦苇。诗人说，芦苇是一种会思想的草。

想起诗人散文家苇岸。苇岸——伟岸，一棵不起眼的草，以深情装点大地。语调越是深沉，身形越是高大。他的《大地上的事情》，我是当作中文版《瓦尔登湖》来读的，散文中充满对自然万物深沉的热爱。他以古典的、质朴的、谦卑的语言，慢节奏叙述着大地上的事情，如同吐露自己的心事。苇岸逝去已逾二十年，却越来越被读者所铭记。

芦苇的确是一种会思想的草。这种草，常常入画。

你看，芦苇的叶子，多么像毛笔的笔肚、笔尖。那些一手捻着银须，一手握着毛笔的人，只需在宣纸上轻轻那么一舔，一片苇叶便成。清代“扬州八怪”之一的边寿民，芦苇画得极好。他笔下苇丛，像是有风来，飒飒地响，比兰花更挺劲，比梅花更野逸，简直达到了迷人的程度。叶子浓淡相间，加上枯笔的飞白，最能制造苍茫的意象。蒹葭苍苍，秋之况味，即在一片苇塘间。

笔墨，是某种人格的象征。边寿民人称“边芦雁”，他画芦雁，也已经到出神入化的境地。郑板桥赞他“画雁分明见雁鸣，缣缃飒飒荻芦声”。

边寿民画芦雁，有很多好玩的故事。他才华满腹，康熙四十三年的秀才，但后来七次乡试全部落榜。雍正十三年（1735年）某日，五十二岁的边寿民诗兴大发，随笔赋诗《凤凰台上忆吹箫·将营苇间书屋作》:“城畔荒原，宅边余地，周遭一望蒹葭。似芙蓉江上，浅渚平沙。此地尽堪茆屋，门开处，斜对渔家。垂杨里，几畦菊圃，半截篱笆……”

这首诗写的是自己盖房子的事。为了画芦雁，他将房子盖在芦苇塘旁边，名曰苇间书屋，为的是日夜观察芦雁的动向。苇间书屋其实相当简陋，位于城畔的荒地，水中央，架了边桥与陆地相通。落成之后，成就了画坛佳话，有数十位著名画家前来赋诗。比如，“扬州八怪”代表人物金农题云:“三分水，一分屋。菰芦声，秋雨足。中有人，媚幽独。时高吟，沧浪曲……”

边寿民的确是“媚幽独”，大约有思想的人都喜欢独处。但他精神生活相当充实，兴奋的时候，不停地写诗——《忆江南·苇间好》云:

苇间好，明浦豁西窗。两岸荇芦侵阔水，半天紫绿挂斜阳。新月到回廊。

苇间好，最好是新晴。寺后菜畦春雨足，城头帆影夕阳明。人傍女墙行。

苇间好，初夏最关情。浅水半篙荷叶出，深芦一带水禽鸣。雨后杂蛙声。

这样的诗，让人怀疑，边寿民将自己当成了一只芦雁。这世界，苇间最好。边寿民笔下芦雁，是人，不是鸟。他以南来北往的候雁为同好，将自身际遇、人生咏叹和悲怀，赋予了芦雁。如《秋滩栖息图》，世态炎凉，俦侣紧密相依，避免孤单无援之苦。人情险恶，不能不时刻提防陷阱和罗网。画作题诗:“江村稻熟水平沙，塞雁南归万里家。一夜西风吹不断，霜天月白卧芦花。”苇丛，只是芦雁暂时的栖息

清　边寿民　晴沙集影图轴

之地，而生命长久的归宿，又是哪里呢……

每当秋天芦花飞絮、雁声鸣叫的时节，边寿民就潜入芦苇滩头，早晚仔细观察、细心揣摩芦雁的神态。日积月累的功夫，宣纸上，有了清流游泳、晴滩静集、凌飞高举、日渚归飞、苇间修翎、孤雁哀鸣、群雁栖饮等，这么多种雁态，与数枝芦荻相衬相映。芦苇或满滩丛立，或倾侧风动，或横压沙滩，每一幅都不重复。他画不厌，观者看不厌。

与边寿民相酬唱的观者众多。一群流落于仕途边缘的文人，一群才华满腹、特立独行的画家，饱览山色，把酒言欢，时常在边寿民的“苇间书屋”搞聚会。他们一边欣赏深秋的苇塘之美，一边欣赏“边芦雁”现场创作。

边寿民的朋友程晋芳，长期在苇间书屋凑热闹。他这样描述当年边寿民作画的情景：“四方求者络绎至，则盘礴坐亭内，煮茶焚香，督童子磨大丸墨，注砚池中，杂研丹黄靛垩，舐笔伸纸，随意所作。雁拍拍循除鸣，掠檐回翔，影与画乱，荻风萧瑟，若驶笔声也。颐公目与心契，画与神契，以故人争宝之。”

边寿民笔下芦雁，大多用没骨画法，也有工笔。我的感觉，敢用没骨画法的，是画家对绘画对象熟悉到了骨头里，然后才能“由技入道”，剔除了骨头，留下丰满的肉。不然，很容易呈“心灰意懒”的颓唐气。绘画史上，最先把大雁画出名堂的应该是北宋的崔白，但边寿民的画，文人气更浓。

在京城，我见到芦雁，是在奥林匹克森林公园的人工湖岸边。深秋，临近傍晚，四只芦雁，正在睡眠。它们的样子可爱极了，单脚站立，脖子歪向游人一侧，硬嘴壳深深插进羽毛里，一动不动，像坐禅的老僧。据说这种动作是为了取暖。黑白灰相间的羽毛，已经在湖水里洗得干净清爽，玛瑙红的脚，这一身搭配相当时尚。我觉得它们像我久违的故人，因为边寿民的画。

那天，我在湖边徘徊良久，对着几只芦雁依依不舍。回家翻看照片，局部放大，发现那几只“坐禅”的雁，好像并没睡着，正悄悄用眼睛瞄着我呢！突然又联想到八大山人笔下的眠鸭，看起来憨憨的，其实城府深极了。

或许是对中国笔墨长久的沉浸，又或许是成长在农村，我也喜欢苇塘。故乡的苇塘，是童年的乐园。曾经，在苇丛附近摸鱼，又将深秋里枯黄的苇叶割了扎成捆，铺在奶奶家炕席底下。冬天一生火，满屋子的草香。

在京城，我常寻找芦苇塘。这一次，去西海。

西海，是什刹海的一部分。前海、后海、西海三块水面被称作“后三海”。

拨开盛夏的垂帘，秋光乍现，帝都气象渐显。西海干净得像无垠的天。西海湿地公园迎面便是水，睡莲花正密匝匝地开，细长的苇秆，一丛一丛，随性安逸。秋天的水，是很清澈的。

一路芦苇丛生。面对这种平民气质的草，我总能生出很多想象。比如，这里面藏着什么东西，有多少鱼儿在里面安家呢，或许，有野鸭正在最深处孕育宝宝……正想着，“倏”地从里面飞出一只翠鸟。

苇塘的气质，确实与“藏”有关。边寿民的身份，像是半个隐士，隐居不仕，将才华藏匿在政途之外。又联想起当代作家孙犁的《白洋淀纪事》，在芦苇荡里打鬼子。乡亲们藏在苇丛里，捉迷藏一般将鬼子搞得晕头转向，一举取得胜利。白洋淀因了孙犁的文字，令人心驰神往。

“月亮升起来，院子里凉爽得很，干净得很，白天破好的苇眉子潮润润的，正好编席。女人坐在小院当中，手指上缠绞着柔滑修长的苇眉子，苇眉子又薄又细，在怀里跳跃着。

女人编着席。不久在她的身子下面，就编成了一大片。她像坐在一片洁白的雪地上，也像坐在一片洁白的云彩上。她有时望望淀里，淀里也是一片银白世界。水面笼起一层薄薄透明的雾，风吹过来，带着新鲜的荷叶荷花香。”

清晨出门，看花看芦苇，一路羡慕着边寿民，踱步到中午。

秋回大地，时光轮转到最美的刻度，适合异想天开。我想象着，天气渐凉，边寿民的苇间书屋，到了夜晚，芦雁们纷纷用橘红色的硬嘴壳敲门，笃笃笃，进来避寒。

清　边寿民　芦雁图立轴纸本

公謹父齊人也余通守齊州罷官來歸為公謹說齊之山川獨華不注最知名見於左氏而其狀又峻峭特立有足奇者乃為作此圖其東則鵲山也命之曰鵲華秋色云元貞元年十有二月吳興趙孟頫製

滂㥌陳面湊清明罨畫峰姿殊有情若把鵲山擬靈雖翩躚勢亦

拾陆

秋分

月亮吐出思乡的诗句

——赵孟頫《鹊华秋色图》

秋分，是赏月时节。找一处野外，平坦开阔处，停歇在宽广的草坪，水塘里寂寥地映出月亮的倒影。远山连绵，思绪也随之飞升。人间之美，握在手中。想起宋人谢逸，在既是秋分又是中秋的这一天，写下一首《点绛唇·金气秋分》："金气秋分，风清露冷秋期半。凉蟾光满，桂子飘香远。素练宽衣，仙仗明飞观。霓裳乱，银桥人散，吹彻昭华管。"

这里面有两个典故，一个是杜光庭《神仙感遇传》记载：一日，唐玄宗在宫中赏月，道士罗公远邀请他去月宫。公远把拐杖往空中一抛，化为一座银色的桥。唐玄宗走上银桥，一直来到精光夺目、寒气逼人的月宫。

昭华管也是一个典故，葛洪《西京杂记》说：汉高祖刚进咸阳宫，看到很多宝贝，其中最奇特的就是昭华管。它有二十六个孔，一旦吹响，就能听到车马在山林间行走的声音。一旦停止吹奏，这些车马声也都消失不见了。

秋分，又是引发哲思的时节。中国笔墨中的秋景，最具代表性的，是《鹊华秋色图》。

赵孟頫将《鹊华秋色图》画给思乡的人。这个人，是才子周密。

南宋著名词人周密，祖籍济南。他的曾祖父随宋高宗南渡之后，举家客居吴兴。非常遗憾，周密从未回过故乡。在平日的雅集里，周密常常听赵孟頫描述济南的绝美风光，眼中满是向往。想起故乡已沦于战火铁蹄之下，暮年途穷，已没有回归的希望，但自己始终不能忘怀齐鲁后裔的身份。周密在词中写："回首天涯归梦，几魂飞西浦，泪洒东州；一样归心，又唤起，故园愁眼；归鸿自趁潮回去，笑倦游，犹是天涯。”深得朋友们共鸣。

元贞元年（1295年）冬某日，赵孟頫心思澄澈，济南风光历历在目。心想，何不将它画下来，赠给好友周密呢？于是，便有了《鹊华秋色图》。

赵孟頫属于秋天。当时，赵孟頫任满济南路总管府事之后，奉召进京，又称病辞官回到故乡吴兴。彼时，他已经尝到了仕途的艰难。作为南宋遗民在元朝为官，饱受诟病。精于丹青的他，对于这一切，又那么敏感和抗拒。他对林泉的向往，像是鱼儿对于回归大海的渴望。但他没有勇气彻底放弃现实的一切，做一个隐居的艺术家。中年赵孟頫的心境已经不再像年轻时候的意得志满，春风得意，也不似夏天的葱茏和锐气，而是进入秋的沉寂和萧散。正如《鹊华秋色图》的意境。

赵孟頫画了两座大山。他将两座山分左右布局，右边尖顶的是华不注山，险峻奇崛；左边圆顶的是鹊山，柔和润秀。两座山位于画面中最远的位置。像是两则青绿山水的寓言。开门见山，讲述不同的两个道理。

画中，中景、近景一片辽阔苍茫。平川洲渚，红树芦荻，几座房舍隐隐而现。画中，树木种类繁多，仔细看，形态色彩各异。柳树茂盛却开始呈现淡然之态，想起清代作家刘鹗在其传世名作《老残游记》中形容济南是“家家泉水，户户垂杨”，一派中正敦和。秋天，已经铺展开了自己的油画布。杂树中，枫叶红的色彩，尤其亮眼，时而点缀，标示其季节身份。各色树木红绿相间，枯润相间。树的姿态高低变化，聚散自然，多而不繁，疏朗有致。水乡山色中，渔民们正在劳作，撑篙、扳网，还有一人策杖漫步在田野。远处可见牛群漫步，一切都那么自然、恬静。

大德八年暮春之初吴興趙孟頫子昂畫

元　赵孟頫　红衣西域僧图卷

北方的秋天，舒爽极了。济南这个城市，秋天的氛围确实比江南更浓。朱自清在《故都的秋》中写过："江南，秋当然也是有的；但草木凋得慢，空气来得润，天的颜色显得淡，并且又时常多雨而少风……秋的味，秋的色，秋的意境与姿态，总是看不饱，尝不透，赏玩不到十足。"说的是北京。

而济南，也有独特的秋韵。我曾在秋季游览济南，千佛山苍林尽染。还有郊区的某不知名的野山，荒凉的寺院周围，植物的颜色丰富极了。柿子树挂满了橙黄的小灯笼，山楂树缀满红果，爬墙虎被秋风吹透，绿、淡黄、鹅黄、橘红、大红，热烈得翻飞起来。

秋分时候，江南还一片深绿。最值得炫耀的是，桂花香幽幽传来，时不时突袭着路上的行人。

在赵孟頫画中，济南秋天的景色便是与家乡湖州截然不同，他也许在刻意区别。回忆济南任上，赵孟頫的官舍在济南东仓，这里与鹊山和华不注山相望。在《趵突泉》一诗中，他曾写道："云雾润蒸华不注，波涛声震大明湖。"

回到当下，当你与《鹊华秋色图》长时间对视，会发现一个奇特之处——大小比例失调。两座山，以为是在最远处，但与房屋对比之后，发现其更像是中景的两座小土丘。既没有范宽的山那种巍峨，也没有马远的山那种凌峭，而是平平淡淡的，像两个翩翩君子，站立不语。房屋与树木相比，也没有中近景的区分。赵孟頫将一切，如房屋、树木、劳作的渔樵，统统画成近景。

赵孟頫不是在纪实，他是在用自己高超的画技进行复古。他的创作理论是："作画贵有古意，虽工无益。今人但知用笔纤细，傅色浓艳，便自谓能手。殊不知古意既亏，百病横生，岂可观也。吾所作画，似乎简率，然识者知其近古，故以为佳。此可为知者道，不为不知者说也。”所以，《鹊华秋色》用笔，是古拙的。那些严格按照比例刻画的山水画，无疑是精致的。但赵孟頫古拙、稚嫩的手笔，更具有审美意义。经赵孟頫发扬光大的文人画，这种不受写实局限，转而向内心情感表达的艺术，为后世文人画开拓了巨大的空间。

最典型的，是他的另一代表作《谢幼舆丘壑图》，也传递了这种古意。画中谢幼舆独自徘徊，身边江岸峰峦秀起，江面平静如镜，境界旷远，那是赵孟頫的幽人心境。画面清新如诗，充满跳跃的音乐性，仿佛宇宙万象被过滤提升成晶莹剔透，氤氲着古典之美。

关于《鹊华秋色图》，乾隆皇帝曾有两个登不上大雅之堂的故事，一次是将《鹊华秋色图》拿来与真实的济南地貌相对比，发现图中地理设计有偏差，遂将其打入冷宫。后一次，是由画赋诗，几天后，皇后去世，乾隆皇帝认为此画不祥，再次将其打入冷宫。

赵孟頫对于友人周密的心思，是颇能看得透的。在那个王朝更迭的时代，周密虽有济世之志，却也决不仕元，只以雅士自居，寄情田园山水，在自己的内心世界耕耘。周密的诗歌，多有闲适自得的田园风格。比如《山居》：“隐几支颐枕曲肱，丹田养气石田耕。红旗黄纸非吾事，白石清泉了一生。”

此外，周密还是著名的文物收藏及鉴赏家，自称“家藏名画法书颇多，都被我收录成谱”。他一生评砚品、临书谱、笺画史、修茶具，读书、藏书、校书和著书，兼而事之。周密又可算得上是南宋的笔记大家，他留下了丰富的笔记，具有极为重要的史料价值。代表作《武

公謹父齊人也余通守齊州
罷官來歸為公謹說齊之
山川獨華不注最知名見
於左氏而其狀又峻峭特
立有足奇者乃為作此圖
其東則鵲山也命之曰鵲
華秋色云元貞元年十
有二月吳興趙孟頫製

元　赵孟頫　鹊华秋色图

林旧事》我曾粗粗翻过，是追忆南宋都城临安城市风貌的著作，按照纪实精神，详述南宋城市经济文化和市民生活的细节。

从某种意义上说，赵孟頫和周密之间，是惺惺相惜的。《鹊华秋色图》是赵孟頫向那些对隐居不仕的士人表达着自己的敬意。

联想到，赵孟頫的老师钱选，也是这样一个人，始终保持着文人的风骨，隐居绘画，逍遥自乐。钱选与赵孟頫同列“吴兴八俊”，元朝廷征召前朝遗逸，钱选坚决不仕，隐居山林，“不管六朝兴废事，一樽且向图画开”。元代统治者将当时的人分为四等，南方汉人是第四等。面对不堪的社会现实，怀着对前朝的深情眷恋，钱选只向山林索要生命的答案。在低谷中的感悟，自然灵性的赐予，让钱选参透时间的假象。他的《秋江待渡》意境深远。

画《秋山待渡图》的时候，钱选已经不再将心思倾注于现实的改变，而是安然注于当下，掀开生命的神秘深刻的一角。一个人，像是钱选自己，守着一条江，等待着渡船，到彼岸去。

秋江，待渡，富有深意的命题。一条江，不断地变换名字，变换两岸风景，就是为了度化不同的人。比如，钱塘江在安徽叫新安江，抚慰了渐江、黄宾虹；往东到了桐庐和富阳境内变身为富春江，度化了严子陵、黄公望；到杭州萧山境内成了钱塘江，滋养了贺知章、龚自珍、袁枚……

度化，一个抽象的概念。笔墨与心性契合，衍生《秋江待渡图》。你，我，都曾如此，于某时，站在某处，等待一辆车，等待一艘船，等待从此地抵达某地。而生命之珍贵，恰恰遗失在我们等待的那一刻。

中国笔墨，到底有多么深沉；秋天，到底有多么澄澈和深刻！

元　钱选　王羲之观鹅图

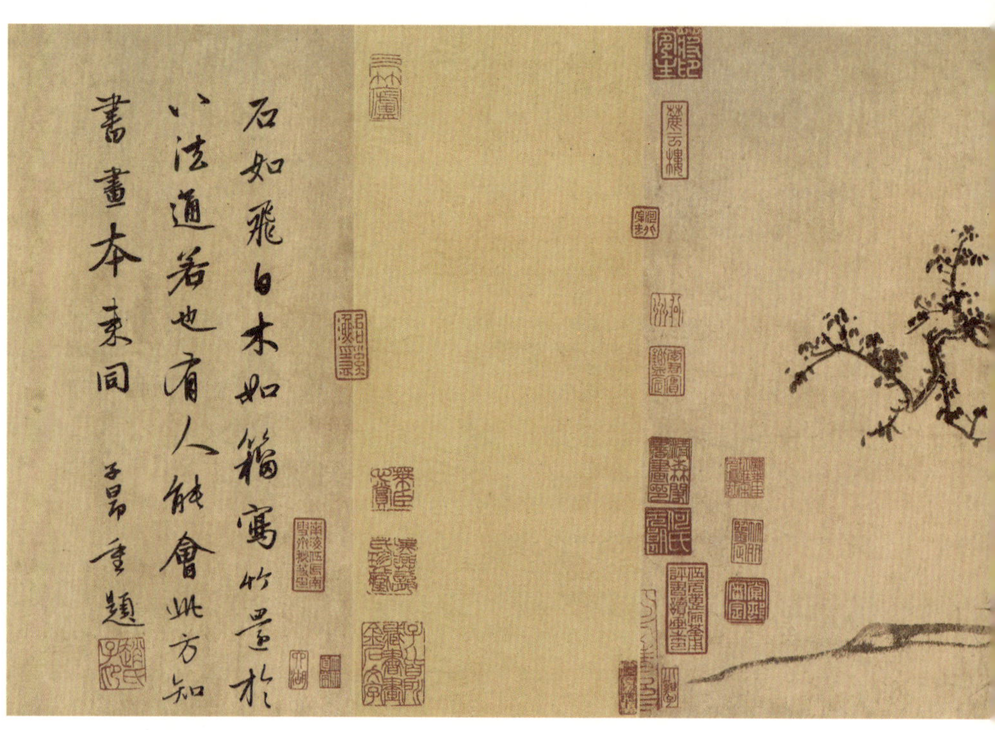
石如飛白木如籀寫竹還於
八法通若也有人能會此方知
書畫本來同
子昂重題

元　赵孟頫　秀石疏林图纸本

拾柒

寒露

不如相忘于江湖

——黄公望《富春山居图》

临近寒露时节，北京即将变成北平。印象里，本该是登山赏红叶的时节，顺便应了重阳节的景，然而，这时候，枫叶还并没有红。每年，枫树的羞涩总是姗姗来迟。

几场秋雨之后，迎来一个晴天。天空碧蓝，云彩白得耀眼，举目望见西山。然而，不接地气的我，却在做一件玄妙的事——

我感慨于《富春山居图》的笔墨所晕染出的萧瑟、简练，乃至无尽的悠远，仿佛间，脸庞吹过富春江水面湿润的风。两只身姿袅娜的白鹭从不远处的江面跌宕着起飞，像省略号，带着串串水珠飞远了。以此为界，我进入朦胧的梦境，无声的孤寂不断地拉长，山山水水连绵不尽，一路上罕见行人，几位樵夫、渔夫皆是凡人难得一见的隐士，他们像仙人指路般伸出修长的食指为我指点迷津……

这便是我的卧游。元代倪瓒有诗："一畦杞菊为供具，满壁江山入卧游。"

在此之前，秦观"卧游"治病。秦观是苏门四学士之一，因仕途屡遭贬谪，心情十分忧郁。北宋元祐二年（1087年），因为精神苦闷，周身不舒，患了肠疾卧床不起。友人高符仲携带王维的画作《辋川图》供他欣赏，并且告诉他"阅此可以疗疾"。少游得画后心中喜悦，让儿子将画展开，他卧于床上细细观赏，如同身临其境。少游陶醉于画景之中，精神不觉为之振作，脏腑随之调和，"数日疾良愈"。

然而，寒露时节，万物还没来得及萧瑟，又怎能甘心卧游。我开始执行另外一种接近这幅长卷的方式——去富春江畔走一走。

第一天到达富阳，冒着大雨参观富阳博物馆。博物馆的外形设计完全参考《富春山居图》，设计成了群山连绵的样子。现场，确实感觉到那座建筑的不同凡响，感知到建造者对于一幅传世山水长卷的尊崇和敬仰。

之后，来到了富阳一个叫作庙山坞的地方，这是黄公望的隐居地。这里风景十分秀美，几乎没有人烟，竹林茂密，鸟声应和，目之所及没有房舍高楼，有与世隔绝之感。黄公望在传世之作《秋山招隐图》的题跋中写道：“此富春山之别径也。予向构一堂于其间，每春秋焚香煮茗，游焉息焉。当晨岚夕照，月户雨窗，或登眺，或凭栏，不知身世在尘寰矣。”

虽然是后人修葺的景观，但幽深别致古朴。竹林深处有“小洞天”，据说是黄公望居住、作画的地方，木质的房舍闪烁着橘黄的灯光，房顶参差生长的茅草营造出寒荒意境。屋檐下挂着老旧的蓑衣，似乎是黄公望随时要披着它到雨里去游览富春江。我在门槛上静坐许久，等待主人归来。未果。又想坐到黄公望画画的椅子上，展纸研墨，为富春江写生。

这之后，又到桐庐。桐庐的小三峡是乘船游览。天空飘着细密的雨，马达的声响显然有些破坏意境。富春江两岸的树木稠密苍润，水面雾气缭绕地氤氲出江南山水的特点。远山连绵的时候，紧挨着的两座山，有着迥然不同的样貌，近处的真实可感，每一棵树的形状都历历在目，稍远处的山便像一个幻影，只现出薄薄的轮廓。水墨画的平远意境，就是在这种雾气和水汽里幻化出来。

用手机视频录制富春江两岸风景的时候，我看到屏幕里呈现出《富春山居图》手卷次第展开。水面疏朗，两岸群山高低错落，节奏极其舒缓。相隔六百多年，沧海桑田，富春江的水位有所下降，眼前

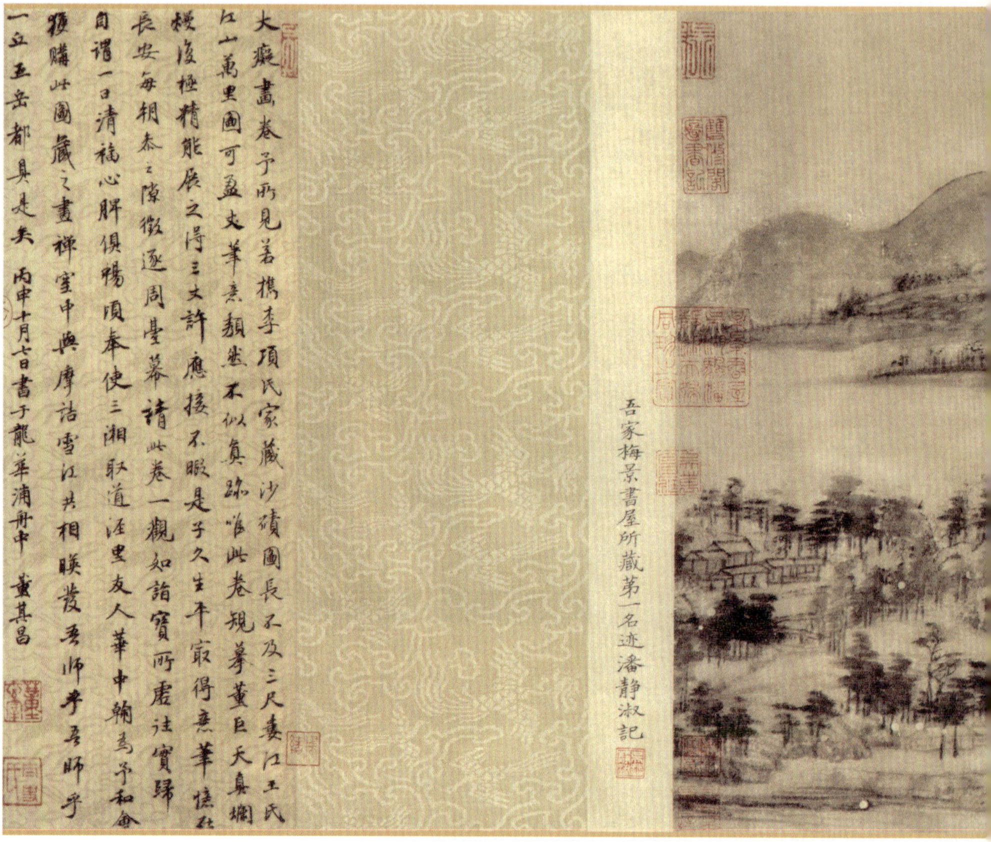

大癡畫卷予所見若槜李項氏家藏沙磧圖長不及三尺婁江王氏
江山萬里圖可盈丈筆意頹然不似真跡唯此卷規摹董巨天真爛
熳極精能展之得三丈許應接不暇是子久生平最得意筆懷在
長安每朝參之隙徵逐周臺幕請此卷一觀如詣寶所虛往實歸
自謂一日清福心脾俱暢頃奉使三湘取道涇里友人華中翰為予和會
獲購此圖藏之畫禪室中與摩詰雪江共相映發吾師乎吾師乎
一丘五岳都具是矣 丙申十月七日書于龍華浦舟中 董其昌

吾家梅景書屋所藏第一名迹 潘静淑記

元　黄公望　富春山居图（剩山图卷）

的山，远不如黄公望所画的巍峨雄壮，线条柔软了许多。

冥冥之中，我还是感悟到了些许黄公望彼时的心境——放逐。

当年，黄公望不知在富春江边的哪一座山上坐看云起。很多临摹过他作品的人，都妄想着拥有大痴一般清醒又超脱的笔墨。妄想着变成一个道人，观天象，在富春江面上划一只小舟隐遁在山水深处。然而，没有经历过人生困顿和绝处逢生的修行顿悟，超脱的笔墨也许是牵强附会。

元代，作为南宋遗民、四等公民的黄公望自幼享有才名，少有大志，又二度书吏，却没有谋得一官半职，反而受到上司的牵连遭受牢狱之灾。就在黄公望入狱这一年，朝廷突然恢复了中断几十年的开科取士。黄公望的好友，诗人杨载就是在这一年考中进士。这对热衷于功名仕途的黄公望是一个沉重的打击。出狱时已经年过半百的黄公望，只好以卖卜为生，居无定所，过着浪迹江湖的生活。

我将自己代入黄公望生平的时候，发现他五十多岁的时候险些陷入消沉。但就在这样一个命运转折的时候，黄公望加入了全真教。笃信道教的黄公望不与人同。有人说黄公望“尝于月夜，棹孤舟，出西郭门，循山而行，山尽抵湖桥，以长绳系酒瓶于船尾，返舟行至齐女墓下，牵绳取瓶，绳断，抚掌大笑，声振山谷”。

李日华《六砚斋笔记》中记：“黄子久终日只在荒山乱石丛木深筱中坐，意态忽忽，人莫测其所为。又居泖中通海处，看激流轰浪，风雨骤至，虽水怪悲诧，亦不顾。”

一种庸俗的理解认为，由于富春江一带风景本身所具有的美感，黄公望云游在山水间，只是转移和释放着命运不济的压抑。我不以为然。在我抵达桐庐，看到“严子陵钓台”几个斑斑字迹的时候，突然意识到，大痴道人的心路历程原本就是与严子陵的隐者之风一脉相承。当年严子陵隐居此地，表面上如如不动地垂钓，实际上他默默影响着周围山水的走向，也向后人暗示着超越世俗的可能。

1347年，黄公望已经七十九岁高龄，身体非常康健，下笔气息很足。据他的同门师弟无用观察，本来就享有极高画名的师兄，在这个年龄，思想归于空寂，又基于其深厚的学养和道教的修为，正是产生杰作的最佳时期。在黄公望隐居的庙山坞，那间叫作南楼的小书房里，无用恳请师兄为他作画。黄公望欣然应允。

谁知，《富春山居图》画了四年的时间，仍旧没有完成的迹象。当然不能催，这跟黄公望的心性有关。这把年纪，他已不会将绘事当作任务来完成，而是享受过程。过程即笔墨的修行，过程即气息的吐纳。过程中，他是迈着从容的步伐，在附近的山水中徜徉，找一块石头，坐看云起。兴之所至，画上两笔。慢，且保持气息的连贯，是一种功夫。

无用的心思相当缜密，看到完成一半的画作，预感到，此画将会传世。他很担心，这幅画被巧取豪夺，所以那日闲来，他请师兄在画上题跋，注明这幅画是归我无用所有。在淡然的黄公望看来，这种想法，实在是“过虑”了，但也笑着提笔。

七年，画作完成。当长卷在道士无用面前铺展开来，作为观者的感受，文字里没有留下只言片语。我们只能想象，他个人的情绪，完全是被长卷的气息所震撼和裹挟，惊愕得说不出话来。

在这幅长卷中，黄公望尽情展现着自己的音乐天赋。看不到用大

元　黄公望　富春山居图无用师卷

片的浓墨进行表现，而是在淡雅的笔调中体现出秋天的味道。沙洲萧瑟疏朗，天高云低，高峰险峻苍老，排列出优美的节奏。在对山进行表现的时候，不管是浓墨还是淡漠，都是采用干枯的笔调来进行勾勒，逐渐由淡到浓，全然弥漫着萧散淡泊的诗意。

六百多年来，很多人对《富春山居图》顶礼膜拜。比如，明四家中的沈周、文徵明、唐寅都对此画做过苦心的钻研，揣摩着它的思想和情趣。沈周曾背临《富春山居图》并题写了很多模仿黄公望的诗句。

1650年，宜兴收藏家吴洪裕制造的一场火，缔造了一个名为“断裂”的传奇。吴洪裕老人太爱这幅画了，哪怕到阴曹地府，也要每天看到这幅画。深刻的爱，往往带有很深的执着成分，也就是以爱的名义去伤害。多亏他的侄子是个相当理性和有勇气的人，从火堆里将之抢救回来。从此，断裂的两段图画，《剩山图》和《无用师卷》，分头铺展自己命运的地图。直到2011年，杭州，台北，两段名作破镜重圆。

《富春山居图》里，定格的富春江秋景，起伏变化的峰峦，萧瑟苍简的树木，都像是深秋的哲学。八十多岁的大痴道人行于富春江上的时候，已经接近生命的尾声。荣辱沉浮、国运兴亡已经不是最重要的事，“远山长、云山乱、晓山青”，画中的渔、樵、读书人隐居于山林而相忘于江湖，这才是理想中的境界。

多少年过去了，读画的人，仍旧点头称是。

元　黄公望　黄公望画像

拾捌

霜降

城市田园写生笔记——沈周《东庄图册》

霜降，走进了秋天最深处。

元丰五年（1082年）深秋，因乌台诗案被贬谪到黄州的苏轼，与太守徐君猷一同登上涵辉楼，向远处瞭望——霜降之后，浅浅的水痕，像是无法消逝的愁绪。

苏轼在《南乡子·重九涵辉楼呈徐君猷》中写道：“霜降水痕收。浅碧鳞鳞露远洲。酒力渐消风力软，飕飕。破帽多情却恋头。佳节若为酬。但把清尊断送秋。万事到头都是梦，休休。明日黄花蝶也愁。”自然的时节与人生际遇相重叠，发酵出悲秋情绪。

人生天地间，总想给自己找一处容身之所，让心情完全适意。但古往今来，如意的人，并不多。苏轼在颠簸的征途中，能生出旷达情怀，凝练成流传千古的文章，这是他卓越可爱的地方。另有一个原因，他经常遥望一个人的背影，生出追慕之心。这一过程对他而言，也起到疗愈的效果。

苏东坡和大多数中国文人心中，都有一个田园梦。最先为这个梦播种的人，叫陶渊明。苏东坡晚年，几乎是从头到尾将陶诗唱和一遍。陶诗著名的“采菊东篱下，悠然见南山”的诗，也是在深秋写的。彼时，陶渊明已经抚平了仕途坎坷的伤痕，性情属于完全释放的状态。

接着，孟浩然的《过故人庄》走进我们的记忆。他把田园意境描写得太美了。“绿树村边合，青山郭外斜”，以至于我们见到很多亲切场景，都融入了“故人”的情致。最后那两句，“待到重阳日，还来就菊花”也与深秋有关。

眼前，我也是怀揣着田园梦生活在城市里的人。偶然见到沈周的《东庄图册》，竟感动三年有余。回味不尽，竟模仿沈周的口吻，介绍起这本册页。全文如下：

大家好，我是画家沈周，“明四家”之一。我今天要以图册的方式，描述一个绝美的地方，叫作东庄。眼下，苏州的文人圈，没有几个朋友没在这里参加过雅集。这里每天的诗酒唱和不断，像是人间天堂。虽然我对造园也有一定的研究，比如我的“有竹庄”便是我亲自选址设计，将房屋掩映于竹林树木间，颇有雅趣。但其规模和品质，远远不能与东庄相比。

东庄，这名字足够低调，比较符合我老师吴宽的为人风格。东庄别墅是吴宽祖上留下的私人别墅。老师官至礼部尚书，自然家境比较殷实。听说后世的富人，也都住上了别墅。但看了我画中的东庄，他们会知道，别墅之“别”，远在想象之外，既有田园之素朴，又有文人之雅韵，意趣无以言表。

东庄给我留下的印象实在太美好了，我竟不知从哪一处起笔。古人常用长卷的形式来表现连绵不断的风景，但我经过细细构思，用二十四幅纵二十八点六厘米、横三十三厘米的册页来描述东庄。一来，每个场景都可以有其独立存在的美感，二来，可以打破时间轴。《东庄图册》整体，既不是春天，也不是夏天，更不是纯粹的秋天。而其中的每一幅，却可以是春夏秋冬任何一个季节。这样，完全贴合了我的印象之美。

这种美，是立体的。我用笔墨，尽量画出这种通感。比如，在东庄里闲庭信步，五月前后，行走到桑州附近，你可以看见成群的茂密的桑树，止步，听见沙沙沙沙沙，那是春蚕在啃食桑叶的声音。六月，行至朱樱径，晶莹红透的樱桃掩映于绿叶间，树荫下清风阵阵，一路诗篇随口而成。七八月间，菱角成熟了，菱濠周边的船上，采菱的女子身形优美，正如那句诗——“忽忘夕而宵归，咏《采菱》以叩舷。”

再往秋天里走，色彩最浓的是果林。记起，我们雅集的时候，常常吃到主人在园林采摘的应季的果子，比如枇杷、无花果、灯笼果、檇李等，挂着晶莹露珠，新鲜味美。所以，在果林的这一方册页，我画了青果满树，颜料用的小青绿。具体是什么果子，且让大家去猜吧。

麦山上，我截取最美的时节——麦苗青青，像有志青年一般欣欣向荣；另一方，稻畦里，水稻成熟得温暖而彻底，一片金黄。这些，都是前人画作中很少涉及的场景。大约也是文人画家不屑于表现的题材。我对农事有深情。我家祖上有隐逸的传统，远离庙堂，亲近山水。眼下世风，还有我个人的性情原因，都不再追求“无人之野”，而是欣赏颇有人居氛围的泉壑。我喜欢贴近大地的平淡。我认为，绘画，是描绘身边最为熟悉的风景。平淡到了极致，便是绚烂。这种平淡无以言说，却在笔墨中。东庄里的农田，多么令人欣喜。春生夏长，无不是自然的馈赠，滋养我们的皮囊。作为读书人，有什么值得清高呢。所以，我用工写结合的方式，把我对土地、对耕作的喜爱细腻地倾注笔下。

介绍到此处，或许大家认为东庄别墅只是一个农庄。事实上，远非如此。东庄，是典型的文人雅居之所。比如，最具代表性的，是鹤洞。文人爱鹤，传统已经有千年了。但鹤，毕竟是一种有野性的鸟，狭窄的居住地会让它的意志蜷缩。在东庄，鹤，拥有一整座山。中间隐蔽处是其居所。似假似真，既有山林之幽，也有门庭之适。鹤住这里，很惬意。傍晚时分，倘若在不远处，可以听得见高亢的鹤鸣。所谓“鹤舞一曲清人魂”，恍兮忽兮，天上人间。

明　沈周　东庄图册之麦山

再有耕息轩、拙修庵、续古堂，都是主人读书的地方。或是临水，或是面山。山水清音，清风入怀。冬夏各有景致。

读书倦了，试着登上叫作振衣冈的那座小山，极目远眺。因为在这里可以获得极佳的视线，山水尽收眼底。胸中盘旋的郁结之气一扫而空。振奋衣衫，便是振奋精神。这里也是整个东庄里最佳的看日出的地方——太阳每天都是新的。有什么理由沉浸在忧戚的情绪里呢？

知乐亭，在水边观赏鱼的凉亭，更是这层意思。子非鱼，安知鱼之乐。鱼之乐，像是对人的不自由心境的反讽。看看鱼，吹吹荷风，都可以清洗疲乏。

竹田附近可听雨。春雨丝丝，秋雨潇潇，都是一片竹林的语言。还有，折桂桥附近可赏月，空气里全是桂花香。

综上所述，我的《东庄图册》全册画面二十四开，分别为：振衣冈、麦山、耕息轩、朱樱径、竹田、果林、北港、稻畦、续古堂、知乐亭、全真馆、曲池、东城、桑州、艇子浜、鹤洞、拙修庵、菱豪、西溪、南港、折桂桥……有人说只有二十一开，其实是有三开遗失了。但不影响我所表达的东庄之美。

无锡藏书家、学者邵宝算是我的晚辈，《东庄图册》完成之后，他激动喜爱不已。他也曾在东庄别墅做客，所以颇有共鸣。他文笔好，为每一幅册页赋五言诗：拙修庵——“破屋贮古书，陶匏满前列。此心与道俱，甘为时所劣。”朱樱径——“叶间缀朱实，实落绿成阴。一步还一摘，不知苔迳深。”全真馆——“何处适余兴，寻师谈道经。隔桥云满屋，钟磬晚泠泠。”曲池——“曲池如曲江，水清花可怜。池上木芙蓉，江映池中莲。”耕息轩——“垄上阅畊罢，北窗清卧风。豳风读未了，梦已见周公。”……

我对他此举颇为欣赏，但我比较庆幸，后人没有将诗句题写在册页上。文人画讲究诗书画一体，但《东庄图册》，我希望纯粹用画面的语言。

这便是东庄，你身处其中，有时像是置身田园，有时像是徘徊于山野，或是，在典型的苏州园林里静坐凝思，会忘记自己的客人身份。不知后世有多少人会知道世界上曾有这样宜居的地方。还好，经常读画的人，懂得“卧游”之术。在家里，靠着我的一方小水墨，也能品尝到几分快意。

想到此处，我心底乐开了花。

沈周真是个可爱的人。在京城，我一直在寻找心目中的东庄图。正值霜降时节，偶然走进京城前门附近的三里河公园，感到惊喜。

从东门进入，入眼是一湾清澈的水。深秋时节的午后，阳光开始珍贵起来。两只黑天鹅，一只悠然站在岸边石墩上，晒着太阳，细细梳理羽毛，另一只，向芦苇丛中张望。

怡然自得的，还有水中的鱼。金黄色、纯白色、大红色的锦鲤，它们游得很慢，偶尔停滞在光线明亮的地方，禅定。深秋，它们也需要思考生命的意义。前方，逐步出现草坪、木栅栏、踱步的公鸡、石桥、山楂树。田园生活的画卷次第展开。公园内有民居，木门敞开，清澈的河水叮咚着从门前流过。山楂树上缀满红艳艳的果实，我站在树下，说不出的喜悦，艳羡着生活在这画里的人。近旁，几树海棠，缀满了粉色的果子。不远处有一妇女，坐马扎，背对着山楂树不紧不慢地择韭菜。四周静谧。

河水，是最清晰的地理坐标。沿河逆流而上，接续出现苇丛、野鸭，垂柳下牧童短笛的雕塑，几处散落的民居。一户民居的竹帘子前，一只芦花鸡缩着脖子躲在树荫里。

一路上，数个岔口，通往不同的巷子。青云胡同、得丰西巷，巷口处立了仿古铜牌，铜牌上有浮雕，雕刻鸟笼图案，浓浓的老北京文化气息。

站在阳光里，驻足环顾四周，视线里没有高楼大厦，只有阡陌农家。偶尔选一条巷子走进去，石板路干净得像刚刚被水冲洗过。北方干燥，不然石板路的缝隙里一定长满碧绿的苔藓。巷子深处，越来越静，偶有开着门的民居，照壁下停靠着一辆老式二八自行车。那场景，让人难以相信是大都市北京的一隅。然而，这些老旧的物件，散发着温暖的光。像是时空博物馆，欲将人带旧时年代。

沿旧路返回。继续沿河水而行，路口的石碾子处，也有宽巷子，巷子内，江西丰城会馆、安徽泾县会馆、福建汀州会馆南馆的门牌，暗暗传递了文化内涵。

前方有原木色小房子，有浓浓的文艺气息，是书店，名字很美，曰“春风习习”。虽然“秋风瑟瑟”“寒风凛凛”可以锤炼人的精神和品格，但人们心底向往的，仍是舒适温柔的生活呀。书店门口的绿伞下，坐着喝咖啡的人。间或谈论着什么。他们声音很低，他们将交谈声汇入河水的歌音中。

接近公园的尾声了。再走，陡然出现“鲜鱼口”大牌坊，热热闹闹的老字号美食街即在眼前。脚步声、叫卖声、叮当车的铃铛声，交错出现。令人有恍然一梦之感。

所谓的城市田园，便是在城市的喧嚣中，一经转身便可进入静谧。沈周如果来京城，我一定推荐他到这里走一走。

明 沈周 东庄图册之知乐亭

沈周

明　沈周　京江送别图

拾玖

立冬

禅定的果实——法常《六柿图》

立冬日，冬季始。冬，即“终”。立冬，意味着生气开始闭蓄，万物进入休养、收藏状态。好比人类，不再活跃自己的身体和行动，进入蛰伏和反思状态。

在京城，立冬，景色还在深秋徘徊，呈现最浓郁的秋色。仿佛，只有一场雪，才能真正将冬的帷幕拉开。

立冬时节，与色彩有关。作家们都认为，京城秋色最浓，你看那些热烈得像火一般的树，应该是所有的叶子同步走向辉煌，然而地上，却有着缤纷的颜色，落叶从鹅黄、明黄、橘黄、赭石、橙、樱桃红、大红，不一而足，俨然是斑斓调色板。想象一下，落叶是怀着怎样的情怀扑向大地，借着风。

这个时节，柿子树最美。柿子熟透了，吸引鸟雀来，处处是“喜上眉梢”的画卷。村口一棵美丽的柿子树，足以让人记住整个村庄。又可以在夜晚让迷路的人顺利找到家。

民间说，有几种吉祥果，最适合立冬吃。首先是柿子，甜滑，寓意事事如意；石榴，红水晶一样饱满的籽，多子多福；橙，润肺，寓意所愿皆成。若将这几种水果盛满果篮，往窗前摆放，便可以映出一番热闹喜悦的景象。

柿子这种果实，总是讨喜的。寓意好，画起来又省力，画家很爱。但很难想象，久远之前，那个叫法常的和尚，把六个柿子画出了别样的味道。

南宋法常笔下，《六柿图》一出，即引来众人目光。看过此图的人，大多心头一惊，像是被拆穿了秘密。继而，又在心里画个问号。敢问法常，你究竟要表达什么意思？法常沉默。他从不题跋，没留下只言片语。

法常无话可说。

他是个脾气相当倔强的人，年轻时曾中了举人，本可以官运亨通，却是这也看不惯，那也看不惯，终于被朝廷的政治腐败所刺伤，出家为僧。剃度后的法常，专注修行和绘画。五十岁后，他住持西湖边的六通寺，目睹权臣误国、世事日非，又挺身而出，斥责奸臣贾似道。事后，遭到追捕，直到贾似道败绩，法常才又重新露面，二十多年隐姓埋名。

世事险恶，艰危历尽。多年来，青灯古佛，苦苦参悟“看破”与“放下”的人生真谛，法常已经无话可说。

有人说，法常深谙几何的某种定理，按照数学逻辑推算，确定了六个柿子的位置，还有色彩浓淡，成功安排出最符合审美规律的形式。

也有人说，六个柿子，象征佛教曼陀罗，中间用墨最浓的那一颗，象征“主尊”，佛教中的宇宙秩序，就藏在这几颗柿子里。

显然是南辕北辙，无稽之谈。

或许，可以换一种路径去探析。你可以试想，立冬前后，深山古寺，寺院角落里最为幽静的禅房，正是法常闭关禅修的处所。他双目微张，神情安详，结跏趺坐，整日苦苦参悟“念佛者是谁”的禅机，心凝一处。在修行间隙，他起身，经行，伫立于窗前。彼时，窗外的柿子树，果实早已熟透，叶子落尽，一派萧瑟。枝头，鸟雀正顽皮地啄食。树下枯草丛里，几颗坠落的柿子，寂然而坐。万物，在那一刻静止。法常心有所悟，展纸提笔，随意几下涂抹，成了《六柿图》。

这六个柿子，是法常心里的意思。法常的意思，连法常自己都

宋　法常　水墨写生图卷（局部）

不清楚。和尚法常，画的是禅画。要想明白法常的意思，先要明白“禅”的意思。

禅是什么意思，此处省去一万字。禅宗认为，所有的佛经，都相当于一片树叶。小孩子哭闹的时候，拿来树叶，到眼前晃一晃，小孩破涕为笑。好了，树叶扔掉。佛经，那些一字一句教人开悟的纸张，不能当真。禅宗主张，不立文字。全靠心的体悟。

所以，在文字里找禅，无迹可寻。王维的诗里，或许有，“人闲桂花落，夜静春山空。月出惊山鸟，时鸣春涧中。”是稀释的禅。摩诘居士心有体悟，却也道不清楚，何者为禅。只将禅意之美，掀开一角。

对比王维，法常的表达更为纯粹和直接。法常毕竟不是文人，他比王维离世俗更远。禅画，是他的修行笔记。

如此，这六个柿子的意思，无从描述。它们散发出来的能量之大，亦不可名状。与之对视，像是被极为柔软的东西击中，那种感觉称得上神秘。或许是，流逝的生命中，有那么一个瞬间，正被法常握在手里，铺在眼前。活着，从生到死，每一个片段，都是一件无比严肃的事情。

联想到，曾读过一册薄薄的书《射艺中之禅》，似乎可以从某个角度说明，什么是禅。作者是个叫赫立格尔的德国人，跟随中国禅师学射箭。一把极难拉开的弓，作者身强体壮，却毫无办法。禅师教他，不准肌肉用力。不是用力气拉，而是用心。要全然进入一种无意识的状态，彻底空却自我。按照禅师的传授，学射者须做到不再与所射的目标对立，而是与之浑然一体，也就是“无我”。赫立格尔苦练三年，学到了禅。以禅法射箭，百发百中。

宋　法常　水墨写生图卷（沈周题跋）

有点玄妙，却也不是完全摸不着。我试着理解，禅，该是“解衣般礴”的极致状态。文同画竹，李公麟画马，吴镇画梅，多少都有这种功夫。

禅者法常也是如此，把自己的意识，从“画什么”“怎么画”当中抽离出来，让笔端纯粹得像射箭者松弛的肌肉，不用力，胜过千钧之力。

法常画山水，《潇湘八景图》云烟飘渺，像是米家山水的墨戏，意境却比之更为出尘。他笔下，两个冬瓜，一棵白菜，是没有烟火气的生活禅。法常画一只鸟，独坐枝头，是正在思想的问道者。空无所有，神色怡然，你望不尽它内心世界的深邃。法常画竹，浓淡相间。透过竹的某个瞬间，却是可以延展到竹的一生。生生灭灭，惟一梦耳。余韵无穷。

但在当时的文人画领域，对法常的评价并不高，元人汤垕著《画鉴》说：“近世牧溪僧法常作墨竹，粗恶无古法。”明朱谋垔在《画史会要》中也说：“法常号牧溪，画龙虎、猿鹤、芦雁、山水、人物皆随笔点墨而成，意思简当，不费妆饰，但粗恶无古法，诚非雅玩。”

“无古法”，正是禅者的“破”。无疆无域，自由驰骋于心。石涛和尚说的法无定法，也正是借用了禅的智慧。绘画史上多次“别开生面”，都有禅的基因。“诚非雅玩”，又是禅画对文人画的超越。不囿于“雅”“俗”的二元对立，脱离了文人情趣，直面生命之本质。

好的艺术，终究会发出耀眼光芒。后世，有一大批与法常心灵相通的人，被法常的画深深感动着。“明四家”的沈周，受法常笔墨意趣启示，开创出文人写意花鸟画的全新画法。清初画坛“四僧”，受法常

宋　法常　六柿图

影响颇深。

最受这六个柿子长久震撼的，是日本人。《六柿图》正是被日本京都龙光院藏。法常的大部分画作，如《潇湘八景图》《鸟荷图》……被当作日本国宝收藏。法常的艺术，在日本开枝散叶。多年来，那种意味，分解、组合、再分解，化为体积极小的因子，飞散在日本活色生香的日常里。

日本艺术与法常绘画的水乳交融，我取几个关键词。

朴素。略有逼仄的居酒屋，不起眼的外墙，低调的招牌。深入内部，昏暗、粗粝、陈旧、简单得近乎清贫。所有的器物，都在时光里行走了多年。微弱的灯光，照亮菜谱，来访者的心，随之沉静。远离了繁华，拨开杂草枝蔓，回到安静、质朴的日常。如《六柿图》，摒弃了色彩，全然墨色。

寂。著名设计品牌无印良品，是极简主义的化身。日本茶室，木色茶桌，摆一枝清菊。插花，多用枯枝。枯，即寂。生命尽头，是极致的静。在诗人国木田独步的笔下，寂，是“一夜风雨，遍地残荷。田禾收割已尽，满眼冬枯景象”，是“秋空一碧如洗，树叶光耀如火”。在散文家德富芦花笔下，寂，是“古钟楼上，夕月一弯”。寂，在宣纸上，是简笔，是留白。《六柿图》，是极简主义者的依凭。

刹那。樱花飘零，从枝头向泥土俯冲，从生到灭，刹那，一个牵着一个，照见生命之轮回。能乐舞台，讲究“一打一音”后的停顿，制造余韵。他们甚至迷恋青蛙跃入水池泛起的涟漪，体味瞬间之美。六柿组合，不是最美的瞬间，却是与永恒最为接近的瞬间。刹那与永恒一经相遇，便会揭穿时间的谎言。

遗憾，至今，我还没去过日本，只是在书里读。试想，在那个国度漫步，庭院、山水、街巷，定有某些场景，会让我想起，南宋的中国和尚法常。

近八百年过去了，六个墨柿子，已被风干成了柿饼，扁扁的，圆圆的。在纸上，似印章，连刻六个“谜”字。我想，这个谜，并非不能意会。只是提醒着我们，语言的蠢笨。

贰拾

小雪

对谈人间冷暖

——齐白石《寒夜客来茶当酒》

今年的立冬，准时一场雪。这是往年所罕见的。雪之大，随着北风飘，令天地一白。雪后，温度慢慢回升起来。晴朗的太阳照着屋檐，哗啦啦，雪化得极快，雪水顺着流下来。不过三天，已经完全消逝了踪迹。

直至小雪时节，竟像是初春般温暖。天空蔚蓝，日光柔和。这时节，柳叶还没褪尽，远远泛着一层绿。榆树、槐树，叶子也还没落光。周末，沿着南锣鼓巷晒太阳、看街景，闲庭信步，不觉得冷，只有安详快意。

这时节的柿子树煞是好看。南锣鼓巷的雨儿胡同，白石老人的家门口，几棵柿子树，高高的。仅在顶端擎举着几枚火红的果实。干枯的枝条，映衬在碧蓝的天空，点缀玛瑙红的柿子，美极了。喜鹊们时常来，它们过来顽皮地啄一啄，目的应该是将柿子们的软硬程度牢牢拿捏。

脚步自然而然就到了白石老人故居。雨儿胡同位于南锣鼓巷中段，白石老人住过的四合院还保存得非常完整，这里曾作为北京画院的办公地点，目前是白石老人旧居纪念馆。想起来，白石老人在北京的旧居还有一处，在金融街的中央位置。几间平房，孤零零的，被高楼大厦围在中央。我跟朋友曾去探访，可惜大门上了锁，扒着门缝往里看，院子里荒草萋萋，没有整修和对外开放，只门口挂了“齐白石故居”的牌子。雨儿胡同的这处四合院，白石老人是1955—1957年只住了两三年时间。四合院不大，方方正正，走马观花十几分钟便可游览结束。此前我已经来过两次，但觉得意犹未尽，天气晴好的时候，又想来转转，就像到亲戚家串门那么自然。

纪念馆进门，迎面一块太湖石。据工作人员介绍，这并非白石老人住所原有的，而是后来运过来。由于该四合院缺少传统的影壁，遂以奇石代替。奇石旁，有竹一丛，青青翠翠，十分茂密。竹竿金黄，应该是金镶玉竹。石与竹，生发了文人气。

进得院子，正中央是白石老人雕塑，吴为山先生作品。雕塑造型是白石老人晚年，老人拄拐杖，目光炯炯，似正在探寻平常生活中的灵气与美。院中，整整齐齐栽种六棵树，两棵玉兰，两棵海棠，两株月季。春季定会芬芳满园。

正厅堂，是白石老人的会客厅，中央挂白石老人的大幅桃子画，吉祥，象征多福多寿。西侧是画室，墙上挂三幅老人与家人的合影。中间简简单单一张大画案，画案上文房四宝俱在，似乎老人并未离开，只是出门了，或者回了湖南湘潭的老家探亲。

我曾多次欣赏过白石老人作画的视频，黑白的。就是这样的环境，这样的背景，画案上一只猫，柔软地卧在一侧。白石老人画虾的时候，它会侧过头，专注地看。画面很温馨。白石老人画写意，用笔极慢。每一笔都是详细斟酌着，将笔落在准确的位置，那种气息，稳健而悠长。

出了厅堂，右侧厢房是白石老人作品展（复制品），左厢房是白石老人的生平展。南边与正房相对的位置，倒座房内，是文创商店，有北京画院出版的艺术类书籍和纪念白石老人的文创产品。我居然逛了半天，买了两本书和一枚柿子别针。文创产品很有趣，白石老人笔下，可人的形象实在太多了，顽皮的小香菇，水灵灵的黄瓜，橙黄的枇杷，肥美红艳的桃儿，还有鲜艳的荔枝，做成胸针，每一枚都可爱，意思

齐白石　冬笋图

齐白石　梅瓶

也好。让我端详了好久，才选定一枚柿子别针。穿件黑毛衣，胸前或领口，红黄两颗柿子抱在一起，事事如意。多有趣！

这便是白石老人的艺术魅力。他用童真的眼神，将生活中的平凡之物提纯，再表现出来，种种形象，在他脑中、笔底，永远都是鲜活的，盛着满满的人间暖意。

暖，应该是白石老人画作的底色。我终于明白，我时常想到这小院走一走，哪怕到廊子上坐一坐，正是为了寻找这安适的人间之暖。白石老人一生是踩着战火的边缘行走，从湖南老家颠簸到北京，饱受战乱之苦，作品中却没有丝毫的凄苦或者颓唐的气息。这是多么可敬又令人羡慕的心境。

白石老人画作之暖，有多重。一种是乡情之暖。比如《柴耙图》，简单一个搂草的耙子，便是老人对儿时旧物的深切怀念，似乎能闻得见枯草的香。《耕牛图》，一看便知，是南方的春天，老农雨中耕种水田。故乡，是老人永远割舍不下的情思。

再有，亲情之暖。一幅放牛图，放牛娃脖子上佩戴铃铛，画作名曰《祖母闻铃心始欢》，十分感人。齐白石老人回忆，自己小的时候放牛，祖母让他戴上铃铛说："你每天回来得晚，我就在门口等你，听到铃声就知道你快回来了，然后去给你做饭。"老人时常感念祖母的恩情，饱含深情画此画，还篆刻了"佩铃人"三字印章。

友情之暖，是不能不提的。老人远离故土之后，在北京与几位故交惺惺相惜，友谊的抚慰格外重要。比如《寒夜客来茶当酒》，梅瓶里一枝寒梅，茶具，烛火。像是展示了几样道具，却如几位清逸的寒士，借着炉火，深夜对谈人间冷暖。画作题款，特别有"客居京华"几个

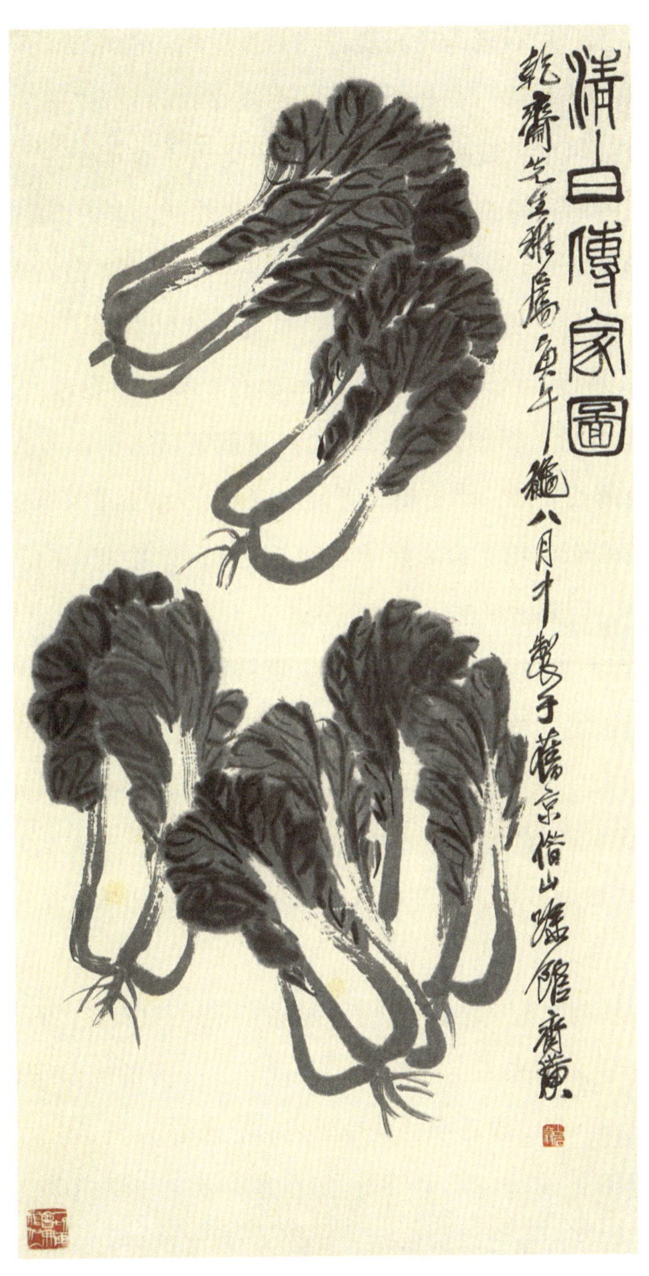

齐白石　清白传家图

字。客居北京，白石老人的心境自然是孤单的。能跟白石老人一起对谈的，或许是陈师曾。在白石画作并不被京城画界看好的时候，才子陈师曾首先认可他、鼓励他，并启发白石老人“衰年变法”，开创“红花墨叶派”一举获得成功。遗憾陈师曾英年早逝，老人为此伤感不已。

寒夜客来，或许，是京剧表演大师梅兰芳。当年白石老人穿着朴素，参加文化名流的聚会备受冷落，这让老人的自尊心受挫。是梅兰芳主动过来寒暄，众人才对老人刮目相看。事后白石老人深为感激，画《雪中送炭图》相赠，题诗曰：“记得前朝享太平，布衣尊贵动公卿。如今沦落长安市，幸有梅郎呼姓名。”二人结下了深厚的友谊。梅兰芳特别喜欢牵牛花，自家院子栽种了几十种牵牛花，白石老人便常常去赏牵牛，回来画牵牛，传为美谈。

《寒夜客来茶当酒》中，白石老人那枝梅，很见功力。不是扬无咎的梅，不是王冕的梅，不是吴镇的梅，亦不是金冬心的梅，而是白石老人自己的梅。他年轻时曾租住过一个祠堂，周围植满了梅树，他称之为“百梅祠”。每次画梅，常怀念之，淡淡乡情，又有文人气。画梅诗：“小驿孤城旧梦荒，花开花落事寻常。蹇驴残雪寒吹笛，只有梅花解我狂。”

能将乡情与文人气结合得如此完美的，恐怕只有齐白石了。

寒夜，朋友们来了，油灯下喝茶论艺，一旁的梅君子侧耳倾听，就这样，直到深夜。没有酒，就是所谓的清谈了。

又联想到他的《白菜冬笋》，实在是喜欢。三棵白菜，六个笋大小不一，在宣纸上有节奏地舞蹈。题款：“曾文正公云，鸭汤煮萝卜白菜，远胜满汉筵席二十四味。余谓文正公此语犹有富贵气，不若冬笋

齐白石　蟋蟀蝴蝶扇面

炒白菜，不借他味，满汉筵席真不如也。”

试想，只有超级敏感的味蕾，才能将一盘冬笋炒白菜吃得饶有滋味。白石曾说，自己身上有“蔬笋气”，便是这种本真、质朴。

白石老人画菜蔬，不仅是视觉的，也是味觉的。比如，白菜水分很足，红萝卜肥硕，搪瓷盘里的樱桃逆着光，樱桃皮很薄，一旦接触到嘴唇，马上就要破掉了。正当你马上要成为一个贪吃的人，回过头再看白石老人，吃的却是最简单的白菜。他骨子里是个文人。

寒夜会友，一杯茶，一盏灯，一枝梅。一盘冬笋炒白菜。

白石老人心里的暖，最特别的，是对世间万物的感恩之情。草虫，菜蔬，瓜果，哪一样都好。哪一样都是大自然的馈赠。眼前这个世界，白石老人是发自心底地热爱。

小雪时节，到白石老人家串门，装了满满的暖意。眼前的人和事，觉得格外妥帖。

出门，沿着南锣鼓巷北口向西，便是烟袋斜街。人并不算很多，各色吃的、玩的，空气里飘着糖炒栗子味儿、椒盐核桃味儿，还有泡芙的奶香味儿，混合着，形成京城冬天特有的气味。沿着烟袋斜街行走，我最爱看橱窗里的老北京兔爷，排成几排，花花绿绿的很有民间气息。

步行到了后海，视野一下子开阔起来了。想象着，再过几天，便有北京的大爷们在这里冬泳。他们光着膀子，扒开结着冰的湖水，奋力前游。浑身冻得通红，脸上满是享受的表情，接受着岸上游客的掌声。那场面，是京城一景，更是对生命的礼赞。

白石老人若是见了，会不会调皮地画下来？

齐白石　寒夜客来茶当酒

贰拾壹

大雪

渔夫坐稳一条江

——马远《寒江独钓图》

大雪节气，带我们走进冬天的深处了。

冬天深处，最盼着有一场静悄悄的雪，给万物盖上厚厚的棉被。清晨窗子推开，眼前天地一白，清冽微甜的空气迎面而来，打一个俏皮的喷嚏。

雪中有风景，雪中有故事，雪中更有风雅。比如王羲之的《快雪时晴帖》，一千七百多年前，一场大雪突然来，又旋即停住，王羲之面对雪后晴朗的天气，心情好极了。大书法家提笔展纸，给朋友“山阴张侯”写了一封信札，笔下神采飞扬。信札没什么实际内容，无非是表达自己大雪初晴时的愉快心情，再道声问候，类似微信里的“拍一拍”。然而，这种纯粹的默契，由一场雪引发的风雅话题，流传千年。

还有“雪夜访戴”。说的是王羲之的儿子王子猷，居住在山阴（今浙江绍兴市），一次夜里下了大雪，他半夜睡醒，打开窗户四处望去，一片银白的世界，赏雪的兴致高涨起来了。他月下徘徊，又令仆人斟上酒，反复吟诵着左思的《招隐诗》。忽然间，就想到了好友戴逵，当时戴逵远在曹娥江上游的剡县，王子猷决定即刻连夜乘小船前往。经了一夜才到，到了戴逵家门前，却又改主意了，转身返回。舟子不解，王子猷说：“我本来是乘着兴致前往，兴致已尽，自然返回，为何一定要见戴逵呢？”那场浪漫的雪，已经被时间留在了原地，而王子猷浪漫皎洁的心境，却演绎至今。

今人吴冠中读清末画僧虚谷的画，曾发出由衷感慨：“虽然离虚谷生活的年代相隔百余年，但我似乎觉得见过他。一袭袈裟，在坊间飘零。面容清奇，精神矍铄。我每见其作品便见其人，感到熟悉、亲切。酒逢知己千杯少，可惜他与我相隔一百年。这种时空的无奈，的确很

宋　马远　梅溪放艇图

难解决。突然间想起《世说新语》里的‘雪夜访戴’，‘吾本乘兴而行，兴尽而返，何必见戴？’”一场大雪中，沏一杯暖茶，思念知音。这是冬天的仪式。见与不见，又何必执着。

在我印象中，雪景图，并不传递冷逸，而是传递绝俗的气息。最冷的画，恰恰不在雪中。“千山鸟飞绝，万径人踪灭。孤舟蓑笠翁，独钓寒江雪。”马远的《寒江独钓图》，没有江雪，却寒凉。

望不见江岸。船在水中央。没有任何的参照物，马远的《寒江独钓图》太简约了。简约到引导你把所有的目光集中在那条船上。你不知道那条船上藏着什么秘密，竟让你的心随着船身微微倾斜，向江水中倾斜。像是有某种危险。后来发现，是渔夫的注意力，那些有重量的念头。他倾注了全部的心思在鱼竿上，令船尾上翘。读这幅画的时候，视觉上明显的失衡，让我感觉这是马远借由江水而展开的哲学游戏。

马远，南宋宋光宗、宋宁宗两朝画院待诏，字遥父。遥，远，好像他一直试图避开什么。实际上，他只是皇家画院的一名画师，南宋的山河破碎、生命流离，似乎跟他并没有直接的关系。他只是一个乐于用画笔赋诗的人。他最擅长将大图景的一角拿来放大，无限放大，将诗意赋予其中，将细节中的奥秘展示出来。如此，好像天地中有无数的乾坤小景等待他去切割。每次，必获成功，人称“马一角”。这次，他从无数的江景中，截取了一条船。

游戏开始。似乎是有鱼上钩。渔夫的表情，全部的精神等待下一刻。想起明代莲池大师讲的一个故事，莲池大师见路边两人对弈，全部心思落在棋盘上，大师指着两人——唯两肉团而已。同理，渔夫也是一肉团，瘦削的骨肉团。失去精神观照的躯壳，全部心思被一根渔线牵扯。

垂钓，是一则久远的寓言。历史上，有很多专注于垂钓的人。有人一生驰骋战场，绷紧了一根弦，几十年心念如一，一定要赢。他们的生命，完全倾注于一个结果、一个胜利的瞬间。有人为了获得权位左右奉迎，有人为了名留青史而发愤著书，有人为积累财富而蝇营狗苟。历史在重复循环上演。身边，有人为升职而苦熬数年，数年化为等鱼上钩的这一瞬间。有人为孩子的学业焦虑不已，是否在企盼一张名牌大学的录取通知书，望眼欲穿，也像垂钓者瞪大的眼睛。一生用于凝视有鱼上钩的这一瞬间。

船上无人，只有一个肉蒲团。作为“人”的精神内核，全部顺着那条丝线，埋藏在江水之下。灵魂的重量，让肉身向下倾斜，以至于船尾微微上翘。这是一种多么危险的生存方式。随时有可能颠覆，尸骨无存。而画中人，全然不知。眼前，我作为看画的人，为他唏嘘不已。近千年的慨叹，至今不息。

最为有趣的是，这幅画，似乎还有另一副面孔。也即别样的解读方式。

寒江，空旷的江面，渔夫早就远离了尘俗，船上的帽子和蓑衣，是他全部的家当。“钓台渔父褐为裘，两两三三舴艋舟。能纵棹，惯乘流，长江白浪不曾忧。”获得自由的他，已经全然无所牵绊。不畏惧寒冷，已经全然修炼得无视一切困难。在他垂钓的这一刻，或许附近有战火正在蔓延，又有为皇帝招贤纳才的人已经打听到他昔日的盛名。前朝的软，今世的乱，无一声入耳。就连江上的风，也不曾扰动他的心。

水波纹的方向，说明他正逆流而上。眼前并没有一条鱼。浩瀚的江，渺小的船，是他追求自由的意志，历久弥坚。

如此，眼前看画的人，无一不对他顶礼膜拜。然而，他无视所有人的崇拜，既没有作出乘风高卧的优雅姿态，也没有故作落魄，标示自己寒士的身份。他的表情，更像是某种警觉。他不是一个说教者，他不屑于说教，却只将自己作为一个本分的、纯粹的渔夫。

画家马远的心思，已经完全从是与非、雅与俗、入世与出世的二元对立的空间中抽离。像是八大山人笔下孤独的鱼，在空白处占领整个宇宙一样，那个表面木讷的渔夫，已经拥有了整条江。一条江，便是一个银河系。此刻，唯我独尊。读画的人，不禁屏息。

跳出这幅画来看，马远笔下的水，相当迷人。马远是绘画世家，他的曾祖、祖父、父亲、伯父、兄弟、儿子一连五代都是职业画家。马远画水，能表现出不同环境、不同时节水的种种形态，应该达到了相当高的职业水准。有人评价马远的画为“残山剩水”，是文人借此表达对南宋山河破碎的心境，应该是过度解读。

作为“南宋四家”之一，马远的《西园雅集图》也有特色，在李公麟和刘松年的版本上有所创新。马远太擅长用船和水写诗了。右端第一段的起笔，溪水，行人，石桥，其后一小童在舟中欲撑篙而去……第二段，苏轼策杖而来，心事重重。马远的年代，苏轼已经故去了半个多世纪。此时，世人对苏轼的品格和才学更加仰望。将苏轼与其他文人隔离出来，无疑是抬高其地位。第三段，米芾作书，全场观摩，为高潮部分。最后一段，听琴。卷末，两名小童正烧火烹茶，余韵不绝……

南宋　马远　寒江独钓图

马远的山水，总体气息是萧瑟的。这种萧瑟如此动人，像是雪后世界，有哲学气息。

中国画里的荒寒意象，《雪溪图》《寒林图》《寒江窠石图》《群峰雪霁图》……似乎在低沉的格调中，更能启发生命的意义。

大雪时节，我在奥林匹克森林公园最大的人工湖边踱步。有风，湖面没有冰，闪耀着蓝宝石一般的光，像是浩瀚的海洋。湖边生长着香蒲和芦苇，很萧瑟悠远的样子，让人想起了马远。

又联想到，晚唐五代画家孙知微也擅长画水，没见他的画，却是从苏轼的文章《画水记》了解他的故事——文中说，前人画水，都是画平远的细波纹，水平高一点的，无非也就是能画出波浪的涌动。但孙知微画水不寻常。那年，他在大慈寺的寿宁院，想画一幅湖水滩石图，冥思苦想了很多天，始终不肯下笔。某日，他仓皇跑进寺院，急急地捞起笔，“奋袂如风，须臾而成，作输泻跳蹙之势，汹汹欲崩屋也”。

感慨中国画之美——直抒胸臆是一种美；工写描摹，是另一种美。格物致知可呈现文人意趣，如宋徽宗；而真正的文人心境，又像是笨拙地写出来，如金农。辗转腾挪，一招一式都令人欲罢不能。不得不顶礼膜拜，并感激着这些作品的传世。

宋　马远　踏歌图轴

贰拾贰

御猫的仰望——朱瞻基《壶中富贵图》

冬至前后，北方屋里暖。京城景色有两种可观：一是室外，皇家园林的美妙雪景；二在室内，象征温暖吉祥的清供。

适时地，京城迎来一场雪！虽然不大，却也有雪景可赏。俗话说，一场雪，北京成了北平，故宫变成紫禁城。多少人期待着故宫的雪！经典的角楼雪景，如同月宫一隅，纯净华美。多层的屋檐，向着天空稍稍翘起的优美曲线，雪后轮廓干净清晰。静谧中，与神对话。不必期待承乾宫的梨花、永和宫的紫藤、慈宁宫的玉兰，暂且为了故宫雪景，好好珍惜着眼前的冬。

雪后故宫，建筑的秩序感，那些横平竖直、对称的殿宇，在茫茫的世界里，庄严清奇。红墙黄瓦的色彩分外明丽，还有殿前象征帝王气势的大片空地，像是中国画的留白，神秘而意蕴丰富。是历史的省略号，无数史书之外隐匿的细节，都在这留白里，无从言说。

颐和园雪景也美。有人惊叹为“绝世容颜”。勤奋的摄影师早早抵达，取景框里寥无人迹。雪后，十七孔桥的清晨，玉树琼枝映雪龙。水影如同清亮的镜子，水边似有花旦对镜婀娜起舞。大地似一块简洁画布。卧牛背上一弯沧桑的雪痕，亘古不变地守望远方。遥望佛香阁，像是隔了千里万里。江山不夜月千里，天地无私玉万家。好一个天地无私！

天坛、地坛、日坛、月坛，处处雪。这些恢弘的名字背后，是“京城”的巨型印章。雪后，在这些地方走一走，感知天地岁月之沧桑，历史画卷之恢弘。对比之下，个人情绪之渺小……

皇家园林的气派，尽在一场雪后。不知有没有前人总结过——江南园林喜雨，皇家园林喜雪。

近几年，我去江南多。总感觉，不论是西湖堤岸还是苏州的拙政园、沧浪园等私家园林，都是喜欢雨的。绵绵的雨，冲刷油绿的植物，带着撩人的微寒和暧昧，淋湿了玉兰的蓓蕾。水墨效果的斑驳的墙，诗人撑一把伞伫立遐思许久。墙根下苔藓微绿，映照着悠悠荡荡的假山下的流水。滑溜溜的鱼，穿来游去，捕捉水面的雨水气泡。少行人，林更幽。一扇半圆形的石拱门，等待有情致的佳人迈步……

再说室内风景，便指的清供。一方清供，点亮一间屋。清供，重在一个“清”字，早先从佛前供花而来，所以，并不彰显富贵。一束草、一截枝、一弯水，都可以成为清供。

中国画领域，多有新春以清供入画的作品，也就是岁朝清供图。历朝历代画家都有代表作。海派画家吴昌硕几乎每年都画岁朝清供图。菖蒲、水仙、柿子、梅，既吉祥，又有君子清气。白石老人也多画此题材，鞭炮、牡丹、红灯笼，文人们避之唯恐不及的民间俗物，在他的妙笔下变成大俗大雅的图式。

接着故宫的话题，读明宣宗朱瞻基的《壶中富贵图》，是绝美的享受。明黄色的绢，暗示着皇家富贵。画中，左上角，壶中牡丹从天而降；右中，文人瓷盘；最妙的，下方，一只肥肥的黄猫，正抬头仰望。它在望什么？是在回忆自己的过往吗？是否在某年春，牡丹花间飞舞的黑蝴蝶曾令它兴奋不已？还是，它在疑虑，为什么那个富丽堂皇的壶，竟可以无视地球引力，悬于空中？总之，那个瞬间，宁静极了，温暖极了。像是幼年，妈妈织毛衣，一针一针，没有声息，小猫顽皮地追逐毛线球，时钟滴答滴答，时光过得很慢很慢……

画面闪回到大明朝——朱瞻基面对着一壶清供，抚摸着自己钟爱的宠物猫，设计了这个瞬间，像在写一首诗。或者，朱瞻基是抓取了生活中的片段，这一场景，曾真实存在过。那只猫仰望的眼神，令他产生了恍惚的时空错觉。他无法形容那是一种什么样的感受，兴奋着，画下来。构图，是有意味的形式。

绘画史上，明宣宗的名气似乎被宋徽宗掩盖了。提起最具艺术范儿的帝王，众所周知的就是宋徽宗，毕竟他的《听琴图》和瘦金体书法都太过耀眼。但比起宋徽宗，朱瞻基更值得称耀的是，他不仅画画得好，皇帝也当得好。遗憾，他只活了三十八岁。不论是治国还是艺术创作，都还未迎来黄金期。

从小作为皇帝的朱瞻基，各方评价相当不错。他是朱元璋的重孙子、明仁宗的长子，并深得明成祖朱棣喜爱。他文韬武略，曾多次跟随朱棣征讨蒙古。宣德元年（1426年），他平定汉王朱高煦之变，又重视整顿吏治和财政，实行休养生息，缓和了大明王朝的社会矛盾。他励精图治，且知人善任，全国上下形势一片大好，史称“仁宣之治”。

有一张朱瞻基的画像，黑脸膛、大胡子，像蒙古人。粗犷，有气派，完全不是文人的样子。想象不出，那些精巧唯美的画，是出自他手。

由于自小就接受良好的艺术熏陶和教育，朱瞻基既会写诗填词、精通书画、艺术品鉴赏，也擅长骑射、蹴鞠、投壶等文体娱乐活动，能文能武，优雅又豪放。

朱瞻基养猫，也画猫。他笔下的猫，是颇令猫奴们崇拜的。他画猫，用散锋撕毛法，《五狸奴图卷》《花下狸奴图轴》中，有各种动感的猫。毛发很蓬松，像是猫咪刚洗过澡，又在太阳底下烘干的样子。

明　朱瞻基　菖蒲鼠荔图

也像是那种逆光照片里快乐的猫。忍不住让人想上去抱抱、亲昵地抚摸几下。

朱瞻基的猫，是名副其实的御猫。

紫禁城里养猫的传统，大约就是始于明宣宗。担心宫廷里的文档和丝织品被老鼠啃咬，防鼠患。此后，又有幽怨的后宫妃嫔为着排遣寂寞，也喜欢养猫。猫咪们代代繁殖，直到清朝灭亡，仍未离开皇宫。帝国改朝换代，猫成了紫禁城名副其实的主人。

眼下游故宫，说不定哪只猫，正是明宣宗御猫的百世孙。故宫的工作人员说，不少猫是当年妃嫔所养的猫的后代，还一一取了名字，登记造册。据统计，目前尚存御猫百余只。

画动物，朱瞻基相当专业。据说当年明成祖曾带他巡幸北京，专程让他到田间考察体恤农事民情，深入农村。相当于上山下乡。这种经历对他的绘画产生了重要影响。他画羊、牛、马、犬、猫、兔、家鸽、野禽等，无不传神。比起宋徽宗的画，少了福贵气，多了乡野气。浓浓亲情，脉脉温情，接地气。

朱瞻基的《三鼠图卷》也是代表作。《苦瓜鼠图》《菖蒲鼠荔图》和《食荔图》，风格迥异。《苦瓜鼠图》是文人画法，逸笔草草，不施颜色。一只小鼠立于石上，翘首仰望着高悬的苦瓜。山石右侧兰草斜出，玉柄袅风。右侧，一根瓜藤自然地向上攀缘，三只苦瓜与数片瓜叶垂下。有人说，当年朱瞻基因为得子，心情大好，遂画此图。苦瓜，即寓意多子。我对这种说法存疑。感觉这种色彩浅淡的文人画，总是有股冷峻气，喜气不浓。

其后的《菖蒲鼠荔图》和《食荔图》着实令人欣悦了。红艳艳的

明　朱瞻基　壶中富贵图

荔枝十分惹眼，又用宋画的工笔法，超级细节控，熟透的果实仿佛伸手即能摘到。进而，又比新鲜的荔枝多了几分工巧。荔枝向来讨喜。公鸡、荔枝组合，大吉大利。白石老人笔下多有荔枝，不论在枝头还是篮子里，都是明晃晃的耀眼，红，热烈得要从白纸上跳出来，浓郁的幸福感。

《菖蒲鼠荔图》中，小鼠几乎将整个身子埋进荔枝肉里。果实饱满，鼠娇小，比例略略失衡，显得诙谐。小鼠浅灰，细微处毛发毕现。眼睛黑洞洞的，神情专注。地上一撮荔枝壳，洋洋洒洒的。鼠、荔枝和荔叶用工笔，荔枝又用重彩。

《食荔图》是一帧团扇。一只白鼠啃三颗荔枝，幸福极了。妙的是，蓝黑的底色，像是深夜。老鼠白，荔枝红，在幽深的夜里，神秘而有生机。

朱瞻基笔下的鼠，当然不是小偷。即便是小偷，皇帝也是乐意被他偷。我大胆揣测，能画这样的画，明宣宗其人，该是善良温厚的，总之，不至于是个暴君。

还有个小故事。朱瞻基曾画《一笑图》，图中一犬蹲于竹下。为什么叫《一笑图》呢？原来，“笑”字，乃“竹”下“一犬”。有些无厘头，颇像民间的字谜游戏。博人一笑。

不得不提，明宣宗的艺术贡献还有宣德炉。宣德即明宣宗的年号。宣德炉是中国历史上首次用黄铜铸成的铜器。为制作精品铜炉，宣宗亲自上阵督促。据说，宣德炉最妙在色，其色内融，从黯淡中发奇光。明末清初文人冒襄，也就是董小宛的丈夫，好品宣德炉，作诗曰：“有炉光怪真异绝，肌腻肉好神清和。窄边蚰耳藏经色，黄云隐跃穷雕磨。”该是对明宣宗审美水准的极大肯定。

回到当下。看多了文人画的高冷，冬至时节，寄情怀于温暖人间。明宣宗笔下的御猫和御鼠，既然那么讨喜，定能保万民吉祥平安。

明　朱瞻基　唐苑嬉春图卷纸本

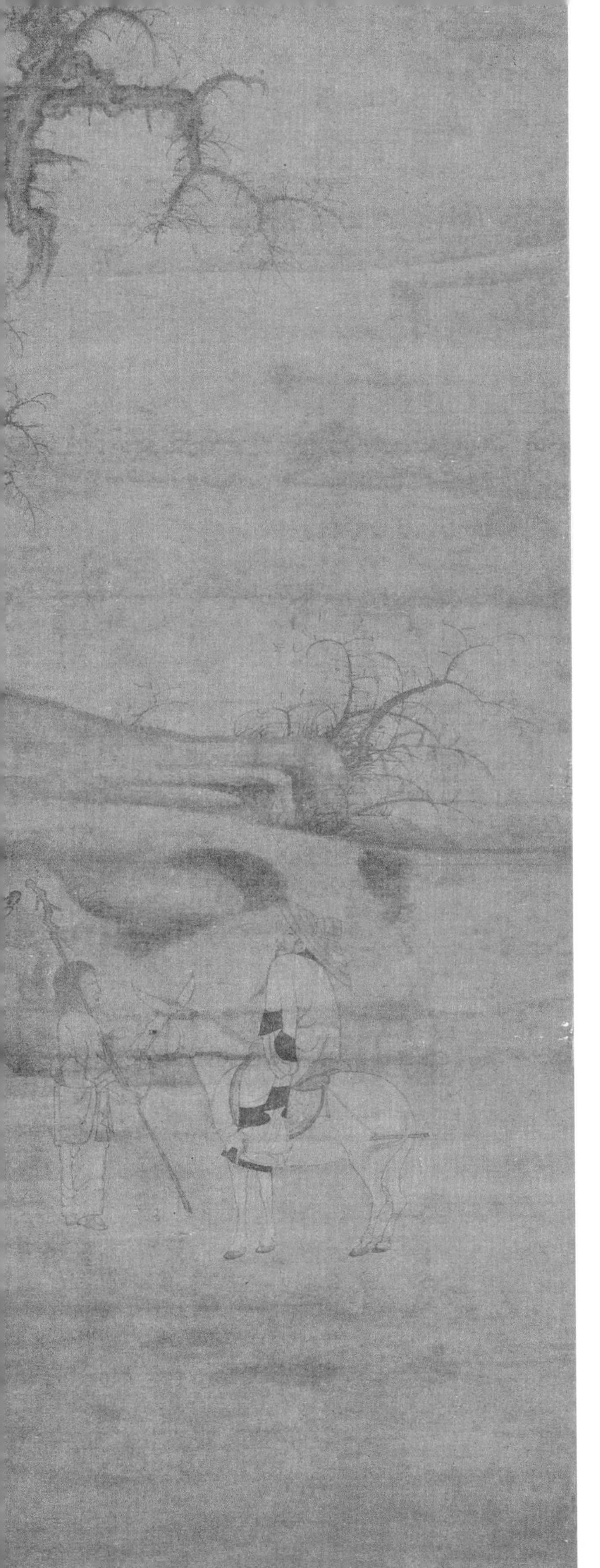

贰拾叁

小寒

历史深处话苍凉

——李成《读碑窠石图》

小寒一过，便进入三九天了。

往年的小寒时节，躲着寒冷，兀自在暖烘烘的房间里捧一杯红茶翻看闲书，又或者，邀几位好友吃火锅，围炉夜话。赏雪的兴致，是不大有的。谁知今年，格外想看雪景，却左右等不来雪。只能想象着张岱《湖心亭看雪》中“雾凇沆砀，天与云与山与水，上下一白……”所描述的天地间的禅意，是冬天的礼物。

画里的冬天，真的很常见。或许，是画家们喜欢哲思的缘故。万物凋敝的时候，山川呈现冷峻的一面，似乎更见其本来面目。中国画突破了匠人绘画的技术层次之后，便开始追求画出物的“性”，即本来面目。这是受到佛家影响的结果。比如，陶渊明说自己“性本爱丘山”，这便是他总结的自己的“性”。

关于冬天的山水画，我要从碑石说起。

石头强硬，易于被人利用。大片山石，一经刀劈斧凿，铭刻文字，即非石头本身。成为碑。刻碑的人，希冀有些故事像石头的坚硬一般永恒，不被遗忘。但铭刻与磨灭，相克相生，都是人为。

明代书画家文徵明在他九十岁去世的前几日，提笔展纸，以黄庭坚笔意，书写《题宋高宗赐岳飞手敕》。由于动情，他写得非常卖力，一改往日的工整娟秀书风，通篇大字行书，纵横飘逸，仿佛将一生的持重矜忍全部放开，胸臆直抒，人书俱老——“拂拭残碑，敕飞字，依稀堪读。慨当初，倚飞何重，后来何酷。岂是功成身合死，可怜事去言难赎……”

脑补一个场景：九十翁文徵明长髯飘飘，用干瘪的手拂拭着当年宋高宗赐给岳飞的诏书刻石……残碑上满是尘土，文徵明感慨盈怀，老泪纵横。他为岳飞鸣不平：皇帝当初对岳飞是何等的器重，后来又为什么那样的残酷！……

世事沧桑，文徵明已经看了近百年，但仍抑制不住情绪激动。因为他深信，碑文上不该有谎言。

读碑，又可以称作访碑，是一场重要的文化仪式。历史上，唐代书家欧阳询对读碑很痴迷，据载，“欧阳询尝行，见古碑，晋索靖所书。驻马观之，良久而去。数百步复反，下马伫立，及疲，乃布裘坐观，因宿其旁，三日方去”。在古碑旁睡了三天，所思所想是什么？倘若是作家，一定可以写出传世的散文。

早在魏晋时，卫夫人的《笔阵图》中也有类似记载：“蔡尚书邕，入鸿都观碣，十旬不返，嗟其出群。”似乎，这是书法家吸收笔墨前人笔墨营养的重要途径。毕竟，那时候印刷的字帖还未流行。但我坚信，读碑，并不仅仅是书法层面的借鉴，更多的是人生况味的繁复吟咏和咀嚼。对此，不同的人又有不同的感悟，比如考古家意在文字、信息，书家专心书艺，喜欢熏染碑刻中那种金石气。

画家登场。在这场仪式中，他们不谈论是非，只捕捉意境。

《读碑窠石图》，是李成与王晓合作而成的大幅山水画。李成画树木自创“蟹爪”法，擅长制造寒冷。

起初，你以为进入历史的真空地带。土坡乱石，枯木寒林，古树的枝丫瘦而坚，硬如屈铁，躯向天空，昭示年际久远。空、寂，无冰无雪无寒鸦，却冷得彻骨。宇宙在清绝中回归初始状态。古树后，有大石碑，人迹的光亮隐隐闪烁——历史曾抵达这片洪荒之地。碑前二人。老人骑骡，专注仰望，书童在侧。巨大的石碑静穆，崇高，有压迫感，似乎将来人的傲慢粉碎。老人读碑，进入深深的思索。古碑下，寂寞了千年的神龟昂首凝视来人，眼神，是时空的神秘交汇。

显然，这幅画是诗，意蕴不能言尽。如果将其改写成一篇散文，那么文章的重点，一定是碑文所铭刻的内容。但，妙的是，它只是一幅画。它只负责展开在历史的某个瞬间所凝固的空间。沿着这一空间，你的思绪可以朝着无尽的角度再去延伸。你可以想象碑文的内容，是关于一个朝代、一段历史、一个人的故事。你还可以想象，读碑的人从中获得了什么样的启示，又将碑文内容与自身命运进行着何种的勾连交织。如同文徵明那样，涕泪横流。总之，一切都即将发生。一切都并未发生。总归，你甘愿被这幅画所探讨的命题之深刻所震慑。

当我们收回纷纷然的想象，再用理性分析——从可见度而言，这是一块无字碑。但是从老人的神情来看，却是一块有文字的石碑。

这是李成与石头合作打下的谜题。

想起堕泪碑，现存于襄阳。为纪念曹魏末年西晋初期的军事家、政治家、文学家羊祜而立的碑石。据传，羊祜生前游览岘山时，对同游者感慨："自有宇宙，便有此山，由来贤达胜士，登此远望如我与卿者多矣，皆湮灭无闻，使人悲伤！如百年后有知，魂魄犹应登此山也。"羊祜死后，襄阳百姓在这个地方建庙立碑，纪念他。每有人至此，睹碑生情，纷纷落泪，称此碑为"堕泪碑"。

这块碑被襄阳人孟浩然遇见，是多少年后的事情了。当时正值深秋，想起古往今来多少英雄豪杰已逝，如今看到山上耸立的石碑，孟浩然作诗云："人事有代谢，往来成古今。江山留胜迹，我辈复登临。水落鱼梁浅，天寒梦泽深。羊公碑尚在，读罢泪沾襟。"孟浩然也哭了。他哭羊公、哭人事的代谢、江山的不朽，哭自己，哭的是作为“人”的生命的脆危。

每一块石碑，都承载时间的压力。萧疏空寂苍凉气，沧桑万事隔云端。《读碑窠石图》不仅是一个关于美的话题，更将我们带入哲学的制高点——我是谁，我从何处而来，将往何处而去。

有时，面对终极的醒、没有答案的醒，我们宁愿醉着。

李成是五代宋初画家，与董源、范宽并称“北宋三大家”。他青年时期博学多才，胸有大志无处施展，便醉心于书画。遗憾短命，只活了四十九岁。

李成的画，表现对象多是平远寒林。画法简练，气象很萧疏，李成喜欢用淡墨，有人评价他惜墨如金。他画山石，如卷动的云，人称“卷云皴”。他常常画寒林，开创“蟹爪”法。蟹爪法专门用来画树，树木枝干像螃蟹爪那样，一上仰，一下屈，锋芒毕露，笔法尖锐且有力道。像写书法的悬针一般，该出锋的地方要有锋，不能钝。枯墨皴擦，树便苍老了。

说来也怪，自从读懂了李成的蟹爪法之后，我看冬天的树，尤其道路两旁的国槐，像极了李成画里的。那种萧索和苍凉，是不留情面的、彻底的。雪后，到处是李成的画境，我感激着李成，在千年前，他便参透了冬天。国槐这种树，春天的时候，是很晚才发芽的，直至春分时节，一点绿起来的迹象也没有。比起柳树的柔软，它们多么坚硬。而坚硬和冷酷，是不是命运的本来面目呢！如同《读碑窠石图》中那位老人，感慨着，深思着，沉吟着，古往今来，多少英雄豪杰文人墨客，谁能打破命运坚硬的壁垒！

北宋　李成　寒鸦图卷（画心）

李成的《晴岚萧寺图》我也喜欢。那座高耸的山岚，完全看不到入笔的痕迹，不知从何来，亦不知其所终，浑然天成。《图画见闻志》说李成“毫锋颖脱，墨法精微”；米芾《画史》说李成“淡墨如梦雾中，石如云动”，都是极高的评价。

除了古树的萧瑟气，小寒时节，水边的柳树也让我动容。垂柳，只余干干的枝条，在寒风中微微摆动。柳枝柔美，我们山东老家形容女人娇柔的腰部，走起路来像是风摆杨柳，类似风情万种的意思。而此时的柳，落了叶子，只剩下筋骨，柔中带韧，不是能轻易扯得断的。那种韧，是立体的，动人的，抽象的，蕴藏着生机勃发的力量，像是书法线条。这样的线条，最考验笔力。记得齐白石老人在《一白高天下》中，画雪中柳，仿佛可以感受到雪压在枝条上的重量。而在《牧牛图》中，绵绵长长的柳枝，质朴生动，又传递了深深的乡愁。同样是冬天，李成笔下，齐白石笔下，两种截然不同的风貌。中国画的风格之多彩，来源于人性情禀赋的多样化。不论哪一种，都耐读。

在冬天的深处，读画，读雪，读碑，读山石，天地那么广阔，每一个时节都不可辜负。

北宋　李成　读碑窠石图

贰拾肆

大寒

静听塞外惊鸿声

——华嵒《天山积雪图》

小寒大寒，无风自寒。大寒，不需要风，天地已经冷透了。

《天山积雪图》中，便没有风。一方高耸的天，那么高，比雪山高出许多倍。雪，那么深，厚，茫茫无有边际。红衣旅人手牵一匹骆驼，行走。没有人知道，他们将去往何方。阴沉的空中，突然一声雁鸣，引来旅人和骆驼停驻，仰望。孤寂的天山行旅。孤鸿，以另一种语言，吐露旅人心声。

深灰，浅灰，纯白，一条优雅的弧，勾勒雪山轮廓。雪山，不是天，却是向着天空生长的驼峰。驼峰，不是天山，却是从天山抽象出来的异域符号。二者天然对话。那只在画面左上方角落里翻飞的鸟，将自己的身形隐匿于深灰色的天空，气场却强大，它调动着整个画面的情绪。旅人身上的红，闯进这冰冷的世界，那么扎眼。或许，是一种勇气的象征，代表整个人类踏进这片荒寒之地；或许，这种相遇，只是来源于一次莽撞的决定；又或许，这一场景，仅仅是画家华嵒的一个梦境。总之，一切元素，都那么新鲜、意外。读画者，惊诧得无法眨眼。

画中自识："天山积雪。乙亥春，新罗山人写于讲声书舍，时年七十有四。"下钤"华嵒"，右下角钤"空尘诗画"印。

旅人，天山，塞外，骆驼，中国画中不常见的元素。第一次看到这幅作品，我便被其深深吸引，一头扎进那种寒冷。我想知道，出生于福建，后半生往来于扬州和杭州卖画的华嵒，是在怎样的情境下创作了这样一幅塞外题材的作品。"乙亥春"，1755年春天，扬州正是琼花开放如雪的季节。华嵒心里，却冰天雪地。

后来得知，该图取的是唐人边塞诗意。边塞行旅是华嵒经常表现的题材之一，他中年曾北游恒山，西游华山，饱览雪山寒驼的景色，《天山积雪图》便是他调动了艺术构思和设色技巧创作的代表作。

唐人边塞诗，我想到李白的《关山月》:“明月出天山，苍茫云海间。长风几万里，吹度玉门关……”还有《塞下曲》:“五月天山雪，无花只有寒。笛中闻折柳，春色未曾看。”

边塞诗，唐诗中最瑰丽的篇章。思想深刻，想象力丰富，艺术性极强。奇异的塞外风光，艰苦的军旅生活，戍边将士的报国情怀和思乡之情，诗人们血脉偾张。一声长歌，一杯热酒——塞外诗中的北风、雪，沙场，酒，成了苍凉、悲壮的充满血性的意象。

到了华嵒生活的乾隆年间，“扬州八怪”画家团体在盐商滋养的艺术氛围中，显然不再容易喷涌这种血性。华嵒抽取了边塞诗的审美意境，将戍边的人，化身成为旅人。旅人可以是每一个人，行走在命运的征途中。茫然四顾，并无所依。在最寒冷的时节，在冰雪的天地里，与天上的孤鸿相遇，便是与自己的灵魂相遇。惺惺相惜的，还有一匹老瘦的骆驼。

从画面中抽离出来，理性分析，对比范宽的《溪山行旅图》《雪景寒林图》,《天山积雪》中行走的旅人，那种哲学的意蕴和深度其实要浅显许多。同样是面对一座山，华嵒运用色彩的能力太强大了，红和白的对比，抢走了视觉的热点，阻止了其向内心发散的能量。这正是扬州画派的作品的商业密码所在——注重视觉的美感。想象一下，没有哪个盐商会将《溪山行旅图》那一类萧瑟严肃的作品，挂在厅堂中炫耀。

然而，华嵒就是这样明艳着，浅得清新，浅得可人。

其实，华喦最擅长的，是花鸟。华喦笔下的鸟，是他自己的面貌。是各种动态的鸟，顽皮，不是在枝头静坐，而是倒挂在柳梢，鹦鹉，抓着花枝荡秋千……羽毛是各色的，分毫毕现。花草树木，既不是宋画中的工整，又不似恽寿平的柔软。金农曾这样形容华喦画兰：“卷有五丈者，一炊饭顷便能了事，清而不媚，恍闻幽香散空谷之中，……余恨不能踵其后尘也。”

清而不媚，便是华喦的画。清爽，是其设色；不媚，是其品格。

他的山水画代表作《隔水临窗若有人》，也曾吸引我很久。《隔水吟窗图》，清新，舒朗。一处文人居所，依山临水，大半袒露在阳光里，绝佳的风水宝地。我几次想要对其描绘一番，发现自己的文字到底苍白。只能用粗拙的词句，浅浅勾勒——

那是些洁白的矮房子，白屋青瓦，类似农家山居。屋顶掩映在梧桐、竹、芭蕉树的中央，既有遮蔽感，又可以晒到大片的阳光，冷暖适度。房子是连成片的，可以任意布置成书房和茶屋，供朋友来访闲居。每屋必设清供。屋前用竹篱笆围出平坦的小院子，有鹤漫步。鹤居之所，大抵不俗。出门来，便临江。洲渚错落，表示这是一片并不深的水面，可亲近戏水，可冥想静观。远处有帆影。更远处，群山连绵……

华喦兼工带写的小写意，笔法清新略有点俏皮，吸收了陈淳、周之冕、恽寿平诸家之长。华喦又善书，能诗。“晓月淡长空，新岚浮远树。”“云壑固聿曼，幽芬清且修。”这样的句子，多好。

梦里，住进《隔水吟窗图》。清晨，临窗吟诵，心明眼亮。只觉得纸上所写，尽在眼前。望见江水的地方，涌动原始的生命激情和灵

清　华嵒　隔水吟窗图轴

感。感慨着，左岸青山，右岸水，山水间这么一块平坦的空地，竟是我的。午间在近处闲游漫步，回忆过往。人终其一生，都在为自己寻找一个适意的地方。但据我所知，大多数人是并不称意的。有人麻木，有人呐喊，都成常态了。夜晚看月上疏帘，听江水微澜、山雀幽鸣，面壁而自省。种种过往，恍如隔世了。

如此生活过之后，更确定，人不可以远离山水。城市里的人，劳苦奔波，盼望着有点积蓄之后，回山里盖房子。他们常常要进山去吸氧的。不然会加速老去。青山不老，便有这样的功效。人不能离开植物，尤其不能离开树。天地精华，树吸收得远远比人多。

另，人要与山水和鸣。嵇康的《琴赋》说，制作古琴的木材生长于崇山峻岭中，饮日月之光。百年以上古木，纹理细密如丝，是制琴师的首选。又据说，伯牙学琴的时候，三年不成，最后老师带他到东海蓬莱山，他远望山林，耳畔回响海浪澎湃，群鸟悲鸣之音，顿时灵感大发，创作《水仙操》传世。

《隔水吟窗图》，左上方有华嵒题诗："隔水吟窗若有人，浅蓝衫子墨绫巾。檐前宿雨团新绿，洗却桐阴一斛尘。"真心叫人欢喜，意境类似王维的"空山新雨后，天气晚来秋"。

《天山积雪图》是华嵒，《隔水吟窗图》也是华嵒，他画中的风景，总比现实更好。

回到大寒的话题。这是一个适宜静思生命终极意义的节气。北宋"连中三元"（乡试、会试、殿试均第一）的宋庠，曾有《大寒夜坐有感》："河洛成冰候，关山欲雪天。寒灯随远梦，残历卷流年……"陆游也喜欢写大寒："大寒雪未消，闭户不能出。可怜切云冠，局此容膝

清　华喦　天山积雪图

室……”

大寒，总与冰雪有关。冰雪，是通透，晶莹洁白的世界，通向真理。

我家附近的玉渊潭公园，春天樱花开，八一湖和中央电视塔附近开阔的景象，常常被纳入取景框。大寒时节，少有游人。偶然发现，冷寂的水边，冰上鸳鸯也是绝美。午后，中堤桥附近，芦苇萋萋，十分野逸。东湖的湖面一半是冰，一面是水。数十只鸳鸯在水与冰的分界处闲适休憩，站立、发呆、梳理羽毛……冰面映现清亮的倒影，树影，鸳鸯，桥，寒冬的景色凄美。我矗立欣赏许久。大寒，天地的寒冬，这些瑰丽的鸟儿，太阳底下尽情舒展自己，不再隐藏于水草深处，似乎已经感受到即将到来的新一轮的春的萌发、夏的盛放。

或许，《天山积雪图》里，也蕴含着如此生机。

清　华嵒　疏树归林图